ROI-TROUVÈRE DU XIIIème SIÈCLE

CHARLES D'ANJOU

MUSICOLOGICAL STUDIES AND DOCUMENTS

ARMEN CARAPETYAN, Ph. D.,
General Editor

18

ROI-TROUVÈRE DU XIIIème SIÈCLE
CHARLES D'ANJOU

MUSICOLOGICAL STUDIES AND DOCUMENTS

18

ROI-TROUVÈRE DU XIIIème SIÈCLE

CHARLES D'ANJOU

by

JEAN MAILLARD

AMERICAN INSTITUTE OF MUSICOLOGY

1967

TABLE DES MATIERES

HORS-TEXTE

PREFACE

L'approche de la poésie lyrique médiévale s'impose toujours comme une tâche particulièrement ingrate: en particulier, si l'on veut saisir de l'intérieur et sans apriorisme l'intégrité du message lyrico-poétique avec toutes les résonances qu'implique une inlassable recherche sur le double plan des *mots* et des *sons*.

Le lecteur moderne — *a fortiori* le critique moderne — doit donc assumer d'abord une complète révision de ses critères de valeur, accepter surtout cet indispensable transfert esthétique sans lequel aucune adéquation n'est possible: le jugement restant toujours dans le cadre d'un jaugeage superficiel et sans chaleur. C'est à ce moment-là seulement que l'analyste pourra passer au crible de l'intellect des productions poétiques qu'il aura d'abord aimées d'un mouvement spontané. Mais cette "disponibilité" poétique, comment l'atteindre, si l'on n'a pas connaissance (et aussi saisie directe) du contenu lyrique dans son actualisation à la fois verbale et mélodique?

C'est dire les difficultés qui attendent le musicologue, plus encore que le philologue ou l'historien de la littérature, dans son effort de reconstruction et d'analyse. On pardonne en effet au philologue (non sans paresse d'esprit d'ailleurs) son total désintérêt pour la mélodie médiévale; mais je pense qu'on serait féroce pour un musicologue qui ferait abstraction des paroles. D'ailleurs, comment le ferait-il? Alors que tout pour lui a valeur signifiante et impérative: texture rythmique de chaque vers, disposition des rimes, alternance des syllabes fortes et faibles, structuration strophique de l'ensemble &c . . . C'est dire encore une fois les obstacles divers qui se dressent sur la route du chercheur et les qualités qu'on est en droit d'exiger de lui. Et lorsque le poète-musicien, en l'occurence, est de plus un prince, voire un roi, qui a joué dans son temps un rôle politique de première grandeur, on comprendra que la tâche de présentation de l'homme et de l'oeuvre n'est pas des plus aisées.

On saura donc gré à M. Jean Maillard de joindre aux qualités dont nous parlions, celles de l'historien: et l'on reconnaîtra sans peine tout l'intérêt de la remarquable synthèse qu'il nous présente aujourd'hui sur ce roi-trouvère du XIIIème siècle qui, s'il n'a pas été lui-même un grand poète, a incontestablement aimé la poésie et l'a sans doute soutenue de son mécénat.

En vérité, si la cause était belle, elle était aussi difficile, puisqu'il s'agit parfois — et M. Maillard ne le nie pas — d'une véritable réhabilitation. Réhabilitation du *Prince* d'abord, les historiens étant souvent d'accord pour ne voir en Charles d'Anjou qu'un roi-soudard sans vergogne, un politicien machiavélique ou un conquérant sans scrupules; celle du *mécène* ensuite: plusieurs érudits s'étant efforcés de démontrer que son plus grand titre de gloire dans ce sens, le patronage de la rédaction du *Manuscrit du Roi*, n'aurait été qu'un mythe; celle du *musicien-poète* enfin, puisque six de ses huit compositions ne lui sont attribuables qu'avec bien des réserves.

L'incertitude quant aux pièces françaises se corse encore pour ce qui est des poèmes occitans. A part la *cobla* à propos de Sordel, qui contient des allusions directes aux rapports du Prince et du troubadour mantouan, il est fort difficile d'étayer solidement l'attribution à Charles d'Anjou des deux autres pièces. Je pense en particulier à la composition assez longue *Dompna, vos m'aves et Amors,* récemment éditée par M. Elio Melli, et considérée alternativement par la critique ou les rubriques des manuscrits comme un *comjat*, un lai, une tenson ou un *salut d'amour*. J'ai étudié cette pièce dans un article récent des *Estudis Romanics* et la considère effectivement comme un salut d'amour, mais de type hybride: c'est d'ailleurs dans ce sens que M. Melli l'a éditée. Je crois aussi, avec M. Melli, que la disposition strophique adoptée par Kolsen et reproduite par M. Maillard est peu vraisemblable: il s'agit manifestement d'une strophe de quatre vers, de type zadjalesque (a a a b), les quelques vers en trop (33,98) ou en moins (dernière cobla) pouvant être facilement émendés. Le témoignage du musicologue, malheureusement, ne saurait nous être ici d'aucun secours, puisqu'aucun des trois manuscrits ne contient de notation mélodique. D'ailleurs, faut-il s'en étonner? Je crois avoir montré dans l'article susmentionné, que le salut d'amour, d'une manière générale, par sa longueur, par le fait qu'il est sans doute destiné à être lu ou tout au plus récité, par son didactisme plus ou moins patent, par le caractère discursif enfin de son expression, est éminemment un genre "narratif", un genre qui ne *chante* pas d'amour essentiellement, mais expose, argumente, raisonne. Sa structuration n'est donc plus strophique, du moins en principe, c'est-à-dire lyrique, mais rationnelle, logique, étendant le discours jusqu'à une démonstration ou une fin à obtenir. Le lyrisme ne disparaît pas, certes, mais il est accessoire et s'insère dans un développement discursif. Le parallélisme strophique avec la chanson, dans le salut en question, ne saurait donc être à nos yeux qu'une coïncidence sans portée: le *dit* remplace ici le *chanté*. Le fait qu'aucune transcription manuscrite des *saluts* ne soit accompagnée (jusqu'à plus ample informé) de notation mélodique abonderait parfaitement dans ce sens et le salut attribué à Charles d'Anjou n'échapperait pas à la règle.

On nous pardonnera cette longue parenthèse, et les hypothèses que nous nous sommes permis d'apporter: tout cela n'enlève évidemment rien à l'excellent principe méthodologique adopté par M. Maillard et qui était de grouper dans une seule étude tout ce qui pouvait concerner, de près ou de loin, l'extra-ordinaire personnalité dont il a entrepris l'illustration.
Nous ne pouvons que le louer, en conséquence, d'avoir également ajouté, en appendice, deux chansons mariales avec leurs mélodies, l'une attribuable au propre frère de Charles d'Anjou, le roi Saint-Louis, l'autre à sa mère, Blanche de Castille.

On voit donc que si le Roi-trouvère n'a pas été un grand poète, il a du moins été, lui et sa famille, un puissant *catalyseur* poétique, si l'on me pardonne cette expression, et c'est dans ce sens que sa robuste figure se devait d'être dégagée avec toute la précision et le brio dont M. Maillard a fait preuve.

Le présent ouvrage, avec toutes ses qualités de synthèse, nous vaut en outre et surtout, la joie de sauver de l'oubli huit mélodies lyriques que seul pouvait nous commenter le savant spécialiste du *lai* lyrique en France. Et Dieu sait que les *Chansonniers* médiévaux n'en sont pas toujours abondamment pourvus!

PIERRE BEC

Professeur à la Faculté des Lettres
& au Centre d'Etudes Supérieures de Civilisation
Médiévale de Poitiers
Président de l'Institut d'Etudes Occitanes

Planche I:

Charles d'Anjou, Roi de Sicile. Statue à l'antique par Arnolfo di Cambio (Rome, Musée des Conservateurs)

Cliché Alinari

CHARLES D'ANJOU
ROI-TROUVÈRE DU XIIIème SIÈCLE

JEAN MAILLARD

Dans la liste imposante des Princes Français qui ont sacrifié aux muses, Charles d'Anjou n'emporte sûrement point la palme. A une époque où musique et poésie étaient soeurs inséparables — en ce siècle d'or des troubadours et des trouvères — ses quelques poésies ne sont certes pas des monuments de nos langues d'oc et d'oïl: seules ses mélodies recèlent parfois un charme qui n'est pas à dédaigner. Nous sommes cependant loin du lyrisme du Roi de Navarre, Thibaut de Champagne, autre trouvère de haut rang. Rien ne laisse non plus présager en son oeuvre l'exquise et fine sensibilité qu'exprimera, deux siècles plus tard, Charles d'Orléans (1394-1465), ni la vertueuse morale de cet autre Comte d'Anjou que l'Histoire connaît sous le nom de Bon Roi René (1409-1480). Encore lui dispute-t-on la paternité d'oeuvres qui lui ont été attribuées et que nous avons réunies ici: deux chansons seulement sont reconnues comme ayant été réellement composées par lui: *Trop est destroiz qui est desconfortez*, et *Li granz desirs et la doce pensee que j'ai por vos, Dame*, pièces A et B de l'édition qui suit.

Son mécénat, rayonnant sans conteste durant de nombreux lustres, était attesté par un témoin capital d'art du Livre au Moyen-Age: le très célèbre Manuscrit du Roi, à l'étude passionnée duquel Jean Beck avait consacré de nombreuses années de labeur [1]. La ferveur de Beck n'a guère porté ses fruits, et plusieurs érudits se sont efforcés de démontrer que jamais ce précieux recueil n'avait été commandé par notre Prince [2].

Ambitieux sans scrupules, arriviste féroce, tels sont les mots qui reviennent régulièrement sous la plume des historiens pour dépeindre Charles d'Anjou. Une mauvaise fortune s'est donc attachée au nom glorieux. Le Chevalier ne serait donc plus en l'occurence qu'un soudard avide de richesse et de gloire; le Chrétien défenseur de la Foi, le Croisé portant le glaive contre l'Infidèle, un politique rusé exploitant la Religion à son propre bénéfice; le Héros de Mansourah, un assassin livrant au bourreau ses enne-

[1] Jean & Louise BECK, *Le Manuscrit du Roi*, fac-sim. et édition, 2 volumes, Philadelphie (1938).

[2] Mario ROQUES, in *Romania* LXV, 143. — Arthur LÅNGFORS, in *Neuphilologische Mitteilungen* XL (1939), 352. — Hans SPANKE, *Der Chansonnier du Roi*, in *Romanische Forschungen* LVII (1943), 100.

mis désarmés; le mécène qui a encouragé les Lettres et les Arts, qu'un potentat n'acceptant que les hommages et les louanges; l'artiste qui a réalisé quelques pages dignes de survivre ne serait donc plus l'auteur que de quelques malheureux vers copiés par égard ou par crainte dans l'une des plus belles anthologies réalisées au cours du XIIIème siècle?

Tel est le bilan que pourrait dresser l'amateur qui demanderait à l'historien ou au critique d'hier quelle était la personnalité de Charles d'Anjou.

Considérant néanmoins que l'Histoire — lorsqu'elle est digne de ce nom — n'est qu'une remise en question permanente des jugements du passé, nous avons réuni ici l'ensemble des oeuvres attribuables ou attribuées à Charles d'Anjou et nous y avons joint quelques éléments biographiques qui permettront au lecteur de se créer une opinion personnelle. Peut-être éprouvera-t-il pour le Roi de Sicile la même indulgence que Gaucelm Faidit pour le roi Richard Coeur de Lion:

> Ai! Senher Reis, vos qu'etz vers perdonaire,
> Vers Dieus, vers Hom, vera vida, merces,
> Perdona li, que ops e cocha l'es!
> E non gardetz, Senher, al sieu falhir,
> E membre vos com vos anet servir! [3]

On trouvera également, en appendice, deux chansons attribuées, à tort ou à raison, l'une à la mère de Charles d'Anjou, la Reine Blanche de Castille, l'autre à son propre frère, le Roi de France Saint Louis.

ELEMENTS HISTORIQUES [4]

a. Le cadre familial de Charles d'Anjou

Fils posthume de Louis VIII le Lion, et de Blanche de Castille, Charles d'Anjou fut l'un des plus illustres Princes de son siècle.

[3] Gaucelm Faidit, *Planh sur la mort de Richard I° d'Angleterre*, PC 167,22.

[4] Sources essentielles:

Vie de Saint Louis, par Le Nain de Tillemont, publ. par J. de GAULLE (*Société de l'Histoire de France*) 6 vol., Paris (1851). — *Jean, Sire de Joinville, Histoire de Saint Louis*, publ. par N. de WAILLY, Paris (1868). — *Chronique des Comtes d'Anjou*, recueillies et publiées par MARCHEGAY et SALMON, avec une Introduction par E. MABILLE (*Société de l'Histoire de France*), Paris (1856-1871). — *Chroniques étrangères relatives aux expéditions françaises pendant le XIIIème siècle*, trad. et publ. par J. A. C. BUCHON, Paris (1875). — *Les établissements de Saint-Louis*, édit. par Paul VIOLLET, 4 vol., Paris (1881-1886). — *G. de Saint-Pathus, Vie de Saint Louis*, publ. par H. F. DELABORDE, Paris (1889). — *Les Grandes Chroniques de France*, publ. par J. VIARD (*Société de l'Histoire de France*), 9 vol., Paris (1920-1937). — *Due Chronache del Vespro in vulgaro Siciliano del sec. XIII*, a cura d'Enrico SICARDI (*Rerum Italicarum Scriptores, xxxiv*), Bologne (1935), rééd. Turin (1965). — Cf. Bibliographie complémentaire.

L'aîné de ses frères, Philippe, mourut en bas âge (1209-1218) et le trône de France échut au second, Louis. Né en 1215 à Poissy, Louis IX n'avait que onze ans à la mort de son Père, et le bail du Royaume revint à la Reine Blanche de Castille qui réussit — grâce à sa vive intelligence et à sa vive fermeté — à maintenir et poursuivre l'action de Philippe-Auguste et de son mari, qui n'avait régné que trois ans (1223-1226).

Les autres frères de Charles d'Anjou sont Robert Ier, Comte d'Artois, né en Septembre 1216, tué à Mansourah en 1250; Jean (1219-1232); Alphonse, Comte de Poitiers (1220-1271); Philippe-Dagobert (1222-1232). Lui-même naquit en 1226.

Son unique soeur fut Isabelle (1224-1270), fondatrice du monastère de Longchamp, proclamée Bienheureuse le 3 janvier 1521 par le pape Léon X.

b. Le Comte d'Anjou — Le Croisé

Né en 1226, Charles d'Anjou eut une existence relativement brève — il mourut à cinquante-neuf ans — mais extrêmement active. Peu après son mariage avec Béatrice, Comtesse de Provence, le 31 janvier 1246, il est fait chevalier à Melun, à la Pentecôte de la même année, le 27 mai. Au mois d'Août, à Orléans, il reçoit en apanage les Comtés d'Anjou et du Maine; une pension viagère de 5.000 livres lui est accordée en Octobre 1247.

L'année suivante, il s'embarque avec le Roi, le 25 août, à Aigues-Mortes pour la Croisade. C'est à cette époque que se situe la naissance de son neveu, Robert II d'Artois, que nous retrouverons plus tard à la Cour de Naples.

La fièvre quartaine qui sévit dans l'Armée des Croisés le contraint à rester immobilisé à Chypre de la mi-Septembre 1248 au 23 juin 1249. Il

Travaux historiques: A. de SAINT-PRIEST, *Histoire de la Conquête de Naples par Charles d'Anjou, frère de Saint-Louis,* 4 vol., Paris (s.d.). — A. LECOY DE LA MARCHE, *La France sous Saint-Louis,* in *Bibliothèque d'Histoire illustrée,* Paris (s.d.). — H. WALLON, *Saint Louis et son temps,* 2 vol., Paris (1875). — E. BOUTARIC, *Saint Louis et Alphonse de Poitiers,* Paris (1870). — M. AMARI, *La Guerra del Vespro Siciliano,* 1886 (cf. *Revue Historique* I (1883), 135). — Elie BERGER, *Histoire de Blanche de Castille,* Paris (1895). — C. MERKEL, *L'opinione dei contemporanei sull' impresa italiana di Carlo I d'Angio,* in *Mémoires de l'Académie des Lincei* (1889). — P. FOURNIER, *Le Royaume d'Arles et de Vienne* (1138-1378), Paris (1891). — Elie BERGER, *Les dernières années de Saint Louis,* d'après les *Layettes du Trésor des Chartes,* Paris (1902). — H. PETERSEN-DYGGVE, *Personnages historiques figurant dans la poésie lyrique française des XII° et XIII° siècles;* XXV: *Charles, Comte d'Anjou,* in *Neuphilologische Mitteilungen,* XXXVII, Helsinki (1936), 261-283. — Ernesto PONTIERI, *Ricerche sulla crisi della monarchia siciliana nel secolo XIII,* 3ème édition, Naples (1958).

rejoint alors les siens et fait preuve d'une ardeur et d'une impétuosité remarquables dans les combats; notamment lors de la Bataille de Mansourah — peu après l'héroïque folie qui coûta la vie à son frère Robert d'Artois [5] — et au cours de laquelle il fut fait prisonnier en même temps que le Roi (avril 1250). Libéré grâce à une rançon importante, Charles d'Anjou est mandé en France par le Roi avec son frère le Comte de Poitiers, afin d'apaiser l'inquiétude de leur mère, qui assumait pratiquement la Régence du Royaume.

c. Charles, administrateur et politique

Divers actes datés de Saumur (21 mars 1251) et de Tarascon (29 avril 1251) permettent de suivre ses déplacements à l'intérieur de ses territoires. Il s'y montre administrateur intéressé, soucieux de maintenir son autorité. Mais le Comté de Provence, qui lui avait échu par son mariage avec Béatrice, reste une source de soucis. Afin de mater une révolte des Marseillais, il est contraint de mettre le siège devant la ville, réduite le 23 août.

En automne de la même année, alors qu'il guerroie en Flandre, la santé de la Reine-Mère s'altère rapidement. Très éprouvée par les revers de ses enfants en Orient, soucieuse de l'avenir du Roi qui reste trop longtemps à son gré en Terre Sainte, Blanche de Castille meurt le 1° décembre 1252. Le dernier grand service qu'elle rendit au Pays fut de réduire la révolte plus ou moins mystique des Pastoureaux.

Jusqu'au retour de Louis IX à l'automne 1254, Charles va assumer la responsabilité de *Procuratorem Franciae*. Mais c'est Alphonse qui, en fait, exercera l'intérim du Royaume en 1253 et 1254. C'est d'ailleurs à lui que le Roi adresse régulièrement des nouvelles de Terre Sainte. Ainsi s'accuse une préférence que Charles n'ignorait point, encore que le monarque eut confessé à Joinville, non sans amertume, que le Comte d'Artois, s'il n'eut péri, "aurait été plus empressé auprès de lui que ne l'étaient Alphonse et Charles" [6].

Ayant reçu de Marguerite de Flandre la promesse du Comté de Hainaut, il soutient cette Princesse contre les Hollandais, soumet rapidement son nouveau Comté et se qualifie, dans un acte daté du 5 janvier 1254, Comte d'Anjou, du Maine, de Provence, de Forcalquier et de Hainaut. Il maintient une forte garnison à Valenciennes et rentre à Paris où il est bientôt contraint de réunir à nouveau une armée contre Guillaume de

[5] cf. René GROUSSET, *Histoire des Croisades et du Royaume Franc de Jérusalem*, 3 vol., Paris (1935) III, 463. — René GROUSSET, *L'épopée des Croisades*, Paris (1939), 355.

[6] Ernest LAVISSE, *Histoire de France depuis les origines jusqu'à la Révolution*, Paris (1902) III, 44.

Hollande, Roi des Romains, qui prétend conquérir sa nouvelle possession. Le Sire de Coucy obtient de Charles qu'il n'engage point tout de suite les hostilités.

C'est à cette époque que Saint Louis rentre à Paris (Septembre 1254) et apaise les querelles. Il enjoint à son frère de restituer le Hainaut aux héritiers légitimes, non sans avoir reçu leur hommage et une indemnité de 150.000 livres, par acte du Traité de Péronne, ratifié le 24 septembre 1256.

La profonde affection que témoigne sans cesse le Roi au Comte d'Anjou — en dépit de certaine préférence à laquelle nous venons de faire allusion — entre peut-être pour une large part dans la décision du monarque de ne pas abandonner la couronne pour la bure monacale. Non seulement Charles d'Anjou fait en effet pression dans ce sens auprès de son frère, mais s'efforce d'écarter de lui les prédicateurs intempestifs. De son côté, le Roi met fin à une querelle née de litiges entre Charles et la Comtesse douairière de Provence, veuve de Raimon IV Berenger.

Mais une seconde révolte des Marseillais retient bientôt toute l'attention du jeune Comte de Provence qui lève une armée et soumet à nouveau en peu de temps la ville. L'évêque de Marseille, seigneur de la ville haute, cède ses droits à Charles d'Anjou (3 juin 1257) qui réalise ainsi l'unité urbaine d'une cité jusqu'alors partagée en deux secteurs à législation différente.

Trois années de calme, durant lesquelles plusieurs villes du Piémont se soumettent à l'autorité de Charles d'Anjou, sont mises à profit par les Marseillais pour fomenter une troisième et terrible rebellion. Longtemps, la ville est assiégée par terre et par mer. Saint Louis se rend lui-même sur le théâtre des opérations et visite l'armée commandée par Barrail des Baux. Charles d'Anjou pardonne au peuple, mais châtie impitoyablement les chefs de la révolte. La prise de Marseille et ses féroces représailles répandirent le nom et la terreur de Charles dans toute l'Europe méridionale.

d. Charles, Roi de Sicile

Au milieu du siècle, la crise qui oppose la dynastie des Hohenstaufen aux Pontifes romains atteint son intensité maximum. L'objet essentiel de cette querelle est le Royaume des Deux-Siciles que les papes ne veulent plus laisser sous la domination directe des Césars germaniques. Plusieurs fois excommunié, Frédéric II était mort en 1250. Un "Roi des prêtres" ou "Roi des Romains" avait été suscité contre lui: Henri Raspon, landgrave de Thuringe. Conrad IV, fils de Frédéric II, eut à combattre un nouvel élu des partisans du pape, Guillaume de Hollande; mais il mourut en 1254 alors qu'il cherchait à rétablir son autorité sur l'Italie méridionale. Le dernier rejeton des Hohenstaufen — cette "race de vipères" — était officiellement Corradino, ou Conradin, fils de Conrad IV. Agé de deux ans seulement, il fut dédaigné par son peuple et les électeurs allemands se mirent sous la tutelle de deux princes étrangers: Richard de Cornouailles, frère du Roi d'Angleterre, couronné à Cologne et qui mourut en 1271 sans jamais avoir exercé un pouvoir réel; Alphonse de Castille, qui ne vint jamais en Allemagne. Quant à Guillaume de Hollande, après s'être opposé à Charles d'Anjou pour la possession du Hainaut, il avait péri en 1256 lors d'une expédition punitive contre les Frisons.

L'Allemagne connait alors un grand Interrègne et semble livrée à l'anarchie. Ses derniers maîtres étrangers n'avaient été que des "fantômes d'empereurs planant sur les ruines de l'Empire".

Les deux derniers rejetons des Hohenstaufen cherchent alors à reprendre possession de leur héritage italien: ils seront les victimes, au cours des deux derniers actes de cette tragédie.

D'abord Manfred — dont nous n'avons point encore parlé —, fils naturel de Frédéric II et d'une noble dame italienne, réussit à s'imposer en Italie septentrionale à la suite de mille aventures romanesques et en laissant courir le bruit que Conradin était mort. A Lucera, sa persuasion lui avait rallié une petite armée. Il relève rapidement les espérances du parti gibelin en remportant à Monte-Aperto près de Sienne en 1260, une victoire décisive par laquelle il retire aux Guelfes la domination sur la majeure partie des villes de Toscane. Il fortifie ses assises par des unions judicieuses: son propre mariage avec la fille de Michel-Ange Ducas, despote grec de l'Epire; mariage de sa fille Constance avec Pierre III d'Aragon. Couronné Roi des Deux-Siciles, il menace à nouveau directement le Saint Siège, pris entre le marteau et l'enclume; même à Rome, le parti gibelin s'agite.

Urbain IV reprend alors un vieux projet de son prédécesseur, Innocent IV: trouver dans la Maison de France un champion à opposer à l'ennemi héréditaire. Deux semblables propositions avaient déjà été repoussées; en 1239 par Robert d'Artois et en 1245 par Saint Louis lui-même qui estimait que la déposition d'un Prince souverain ne lui paraissait concevable que si l'intéressé était péremptoirement un ennemi de la Foi, ce qui n'était point le cas.

Les pourparlers sont à nouveau amorcés dès 1264 et, Charles d'Anjou ayant accepté la couronne qui lui était offerte, dans le seul but, dit-il, de rendre service à notre Mère la Sainte Eglise, un concile général se réunit à Paris le 25 août afin de traiter de la décime que le Prince réclame pour conquêter la Sicile. Après la disparition d'Urbain IV, les négociations sont conclues en 1265 par Clément IV. Charles d'Anjou réussit à venir par mer à Rome, déjouant le piège tendu par la flotte ennemie. Là, il est fait Sénateur de la Ville Eternelle en Mai. Le mois suivant, après que son épouse l'ait rejoint, il reçoit en la Basilique de Latran l'investiture et l'étendard de

Planche II:

Clément IV (P. P. 1265-1268), tenant à senestre les clefs de Saint-Pierre, remet à Charles Ier d'Anjou, frère de Saint Louis, l'investiture du trône des Deux-Siciles. (Fresque décorant la Tour Ferrande de Pernes-les-Fontaines, ancienne capitale militaire des papes d'Avignon, dans le Comtat-Venaissin).

Cliché Bulloz

Sicile (confirmation par bulle pontificale du 4 novembre 1264). Le pontife lance un emprunt général pour l'aider financièrement dans son action militaire. A la Noël 1265, l'action est prête à s'engager. C'est alors que Manfred tente une ultime réconciliation avec Rome, à laquelle Clément IV répondit: "Manfred doit savoir que le temps de la mansuétude est passé. Tout a son temps, mais le temps n'a pas tout! Bien armé, le héros sort des portes: la cognée est à la racine de l'arbre!" [7].

Après l'action diplomatique commence l'action militaire. Les deux forces ennemies entrent en contact d'abord à Santo Germano le 10 février 1266. Débordé, Manfred rallie ses troupes dans la plaine de Grandella, non loin de Bénévent où, deux semaines plus tard, les deux armées se heurtent violemment aux cris de *Souabe!* et de *Montjoye Saint-Denis*! En dépit de son ardeur combattive, Manfred n'attira pas sur lui la faveur de la Victoire: trahi par bon nombre des siens, il périt dans la mêlée et le succès des armes revint à Charles d'Anjou.

Après cette victoire, connue sous le nom de Bénévent, les Français accordèrent d'honorables funérailles à Manfred; mais le légat pontifical ordonna que le corps fut exhumé et jeté dans le Volturno. La Reine mourut après cinq années de captivité et ses trois fils passèrent leur existence pratiquement dans les fers.

L'unique descendant des Hohenstaufen est alors Conradin, fils de Conrad IV, que nous avons laissé sans soutien en Allemagne après la mort de son père. Aidé de son cousin Frédéric d'Autriche, comme lui dépouillé de son héritage, il cherche à rallier à sa cause les anciens partisans de sa famille. Des troubles éclatent en Italie septentrionale. En avril 1266, Charles d'Anjou est proclamé pacificateur de la Toscane par le Saint Siège. Il installe son administration dans ses nouveaux territoires; mais au lieu de faire appel à des fonctionnaires dévoués et sérieux, il semble qu'il n'ait retenu comme officiers qu'une majorité de chevaliers sans scrupules qui exploitent les provinces de façon éhontée. Même leur parole n'est point sûre et les exactions s'étendent non seulement à la Péninsule, mais encore à la Provence. Ces représentants cupides sont exécrés par le peuple et les troubles augmentent. Les représailles sont terribles; les Français pillent la ville de Pise en Janvier 1268.

Clément IV, paternel conseiller de Charles d'Anjou, est peu suivi dans ses avis. Il proclame cependant son protégé Vicaire de l'Empire le 13 avril 1268. Mais deux mois plus tard, quelques 800 chevaliers de la Cour de Naples, conduits par Guillaume de Braiselve, sont battus à Pont-à-Valle sur

[7] L'opinion publique est traduite par plusieurs troubadours, dont Luquet Gatelus (al. Luchetto Gattilusio) de Gênes, dans le sirventes PC 290,1: "*Si le Roi Manfred était Prince courageux et s'il perd ore ce qu'il tient et possède, ce qu'il a acquis par sa prouesse, vu qu'il est roi couronné, d'un blâme, il en aurait deux!*"

l'Arno par les troupes de Conradin. Regrettant d'avoir renvoyé nombre de ses renforts en France, Charles réunit cependant une armée et assiège Lucera. Mais il doit présenter bientôt la bataille à son rival non loin du Lac Fucin, à Tagliacozzo. La défaite des ennemis du Saint-Siège est bientôt consommée. Conradin et Frédéric s'enfuient par les Marais Pontins, mais sont pris alors qu'ils tentaient de s'embarquer sur la rivière de Turano.

Pas un seul instant le vainqueur n'eut l'idée de les traiter comme des prisonniers de haut rang: le 29 octobre 1268 — après les avoir fait accuser du crime de haute trahison — il les fit décapiter sur la grand'place de Naples. La mort fut acceptée avec une courageuse abnégation par cet enfant de quinze ans qu'était Conradin. Une chronique italienne rapporte qu'avant l'instant fatal et comme en défi à Charles d'Anjou, il jeta son gant vers la foule. Un gibelin s'en empara et le fit parvenir à Pierre d'Aragon lequel devait devenir bientôt le vengeur des Hohenstaufen.

Durant cette action militaire, en 1267, Béatrice de Provence était morte à Naples. Son corps avait été transféré en sa terre natale et inhumé aux Hospitaliers d'Aix-en-Provence. L'année suivante, peu après l'exécution de Conradin, Charles d'Anjou se remariait avec Marguerite de Bourgogne.

e. La VIIIème Croisade

Débarrassé — du moins en apparence — du souci de la pacification de ses nouveaux territoires, Charles d'Anjou tend alors sur eux un réseau administratif serré, actionné par des hommes de main durs et cupides. L'ordre semblant à nouveau régner, une partie de la population, surtout dans la Terre de Labour [8], étant favorable au nouveau maître, représentant du pouvoir pontifical, celui-ci va mettre en action un vaste plan politique mettant en jeu tout l'Orient méditerranéen.

La Tunisie, qui contrôlait vis à vis de la Sicile, le Détroit de Messine, attira d'abord son attention. Elle se trouvait alors sous le règne de l'Emir Abû'Abd Allâh al-Mostansir billâh (1249-1277), rejeton intelligent et brillant de la dynastie berbère des Hafsides. Ce Prince, qui entretenait de courtoises relations avec les Princes chrétiens, refusait cependant de continuer à verser au nouveau Roi de Naples l'ancien tribut des Hohenstaufen. Les rapports étaient à ce point devenus tendus qu'en Octobre 1269, une ambassade tunisienne vint à Paris promettre à Saint Louis la conversion de l'Emir, s'il acceptait de le protéger contre la menace de Charles. Cependant, ce dernier soupçonnait encore Abû'Abd Allâh de donner asile à nombre de ses ennemis gibelins.

[8] Terre de Labour, *Terra di Lavoro*, nom d'une province du Mezzogiorno plus étendue au Moyen-Age qu'aujourd'hui, dont la capitale était Naples. Charles est souvent dit *Prince de la Terre de Labour*.

De sorte que, de 1267 à 1270, lorsque Louis IX affirme sa volonté d'organiser une nouvelle croisade, son frère va s'efforcer de profiter du passage d'un fort parti français en Sicile pour le détourner de son véritable but et l'employer à ramener son voisin à la raison. C'est, du moins, la thèse généralement admise pour expliquer ce malheureux détournement de la VIIIème Croisade. Bien que les preuves matérielles manquent pour accuser Charles d'Anjou d'avoir dirigé l'expédition française vers la Tunisie, on doit reconnaître que cette opération ne pouvait être que fructueuse pour sa politique [9]. Elle avait, de plus, l'avantage de ne pas inquiéter le Sultan d'Egypte, Baibars, qui faisait fortifier par précaution le Delta du Nil.

Dans quel but Charles d'Anjou cherchait-il à s'attirer la sympathie de ce Mameluk intrigant et sanguinaire? Dans quel but encore n'avait-il point répondu aux appels de Michel Paléologue, qui voulait tenter la réunification des Eglises d'Occident et d'Orient [10] ? Sans doute parce qu'il rêvait de soumettre progressivement toutes les terres méditerranéennes de l'Est, en commençant par l'Empire Grec. Ainsi, toute tentative des Croisés sur les côtes musulmanes — tentative à laquelle il eut été contraint de s'associer — risquait de ruiner définitivement ses projets d'expéditions et de modifier l'attitude apparemment neutre de Baibar.

La victime de cette Croisade avortée fut le Roi de France dont les troupes débarquèrent à Carthage le 17 juillet 1270. Après quelques succès et avant même que le Roi de Sicile ait pris le soin d'envoyer des renforts, la maladie se mit dans l'Armée; la peste la décima. Louis IX soigna les malades et fut bientôt frappé lui-même par le fléau [11]. La grandeur de ses derniers instants est souvent rappelée. Après avoir proféré ses ultimes paroles — *Introïbo in domum tuam, adorabo ad sanctum templum tuum et confitebor nomini tuo* — il s'éteignit le 25 août, au moment où son frère débarquait sur la terre africaine.

"Le règne de Saint Louis, écrit l'un de ses biographes, est, dans l'Histoire universelle, un des plus beaux exemples de ce que pourrait la Foi chrétienne."

Bien que n'ayant jamais approuvé ouvertement l'immixtion de son

[9] cf. René GROUSSET, *Histoire des Croisades et du Royaume franc de Jérusalem*, 3 vol., Paris (1936), III: *La monarchie musulmane et l'anarchie franque*, 651. — F. DELABORDE, *Revue de l'Orient latin* (1896), 423. — L. BREHIER, *Les Croisades, l'Eglise et l'Orient*, 237.

[10] Cf. Conrad CHAPMAN, *Michel Paléologue*.

[11] Rome fut rendue par certains responsable de la mort du Roi; cf. *Lou flagel de Roma*, sirventes de Guilhem Figueira (Ja de far un sirventes, PC 217,4): "*Rome, je sais sans doute qu'avec déception, mensonge et fausse prédication vous mettez à tourment les Princes, dont les plus grands du Royaume de France; car le bon Roi Louis fut par vous trahi en le faisant aller loin de Paris, outremer, où il mourut par votre moyen.*"

frère dans les affaires italiennes, le Roi eut cependant le tort de le laisser faire et d'entraîner ainsi la France dans une périlleuse politique extérieure qui devait envenimer nos rapports avec la Péninsule durant plus de deux siècles.

Louis IX mort, nous verrons plus loin de quelle force de caractère fit preuve alors le Roi de Sicile. Il prit en mains le commandement et infligea plusieurs défaites aux Sarrazins avant l'arrivée de son neveu Philippe III le Hardi, nouveau souverain. Il fit transférer le coeur et les ossements du Roi défunt en la Basilique de Saint-Denis; les chairs et les entrailles embaumées furent déposées en l'Abbaye de Monreal ou Valreal non loin de Palerme, où se réalisèrent plusieurs miracles, aux dires des Chroniqueurs.

Peu après la prise de Tunis, une trève intervenait entre les deux partis. Mécontent de l'arrêt de l'action militaire, en dépit des épidémies qui continuaient à ravager le camp chrétien, Charles d'Anjou obtint cependant satisfaction dans ses revendications, entre autres, assurance d'un tribut annuel double de celui qui était versé à l'Empereur Frédéric.

Une affreuse tempête ravagea la Flotte française de retour vers la Sicile. Dix-sept nefs sombrèrent dans lesquelles périrent plus de quatre mille chevaliers. Lors de l'escale de Trapani (Drépane), sur la côte occidentale de Sicile, mourut le Comte Thibaut V de Champagne, fils du Roi-trouvère, gendre de Saint-Louis. Un autre deuil frappa la famille royale en la personne de la Reine Isabelle d'Aragon, victime d'un accident de cheval à Martorano en Pouille alors qu'elle était enceinte, et qui fut inhumée en la cathédrale de Cosenza.

Après des deuils nombreux, des revers alternant avec des victoires, Charles rentra dans sa capitale. Il mit à profit les années qui suivirent à réorganiser les forces qui devaient lui permettre une action militaire en Proche-Orient. Une vie brillante et luxueuse reprit à la Cour de Naples, véritable radiant de tout un monde poétique et chantant de troubadours, trouvères, ménestrels et jongleurs.

f. Charles, Roi de Jérusalem

Mais un autre événement devait bientôt accaparer son attention: Hugues d'Antioche était devenu Roi de Jérusalem le 24 septembre 1269 sous le nom de Hugues III, à la suite de la mort tragique de l'héritier présomptif, Conradin de Hohenstaufen. Neuf ans plus tard, il abandonnait le pouvoir que revendiqua immédiatement Charles d'Anjou, en tant que successeur de Frédéric II. En Janvier 1277, le Roi de Sicile obtint de Marie d'Antioche, tante de Hugues III, la cession de tous les droits à la couronne. Il s'engagea à lui verser, en contrepartie, une importante rente viagère: quatre mille livres tournois, payables par la Maison du Temple à Paris, et gagées sur les revenus de l'Anjou.

Charles prit donc le titre de Roi de Jérusalem et conféra le titre de Sénéchal — ou Bayle — à Roger de San Severino, Comte de Marseille, qui débarqua à Acre le 7 juin 1277 avec six galères. Ayant obtenu l'hommage des nouveaux vassaux, le Bayle créa des dignitaires choisis parmi les seigneurs français et italiens de la Cour de Naples. Une politique habile permit de réconcilier des partis jusqu'alors hostiles, et guidés par de puissants intérêts. "L'unité des forces franques fut ainsi reconstituée sous le patronage de Charles d'Anjou. A la fin de 1277, le Comte de Tripoli Bohémond VII fit, lui aussi, acte d'adhésion au nouveau régime, en envoyant porter son hommage à San Severino" [12].

La paix se prolongea cinq années durant, entretenue par l'action bienfaisante de Hugues de Tours, évêque de Béthléem. Inquiet cependant du crédit dont jouissait la dynastie angevine en Proche-Orient, Michel Paléologue s'allia secrètement dès 1281 aux Mameluks [13] envers lesquels San Severino usa constamment d'une politique très souple. Mais les craintes de ses nouveaux voisins n'étaient que trop justifiées: Charles disposait alors d'une force de frappe importante de quelque vingt mille hommes et six-vingts galères prêtes à appareiller.

Le destin devait bientôt freiner son rêve de grandeur.

g. Les Vêpres siciliennes

Le vaincu de Bénévent, Manfred, avait marié sa fille et héritière Constance, à Pierre d'Aragon. Ce dernier se considéra bientôt comme comme le vengeur des Hohenstaufen. Sans grande peine un de ses agents, nommé Jean de Procida [14], excita les Siciliens contre leurs occupants. La dure domination française, les exactions, les altérations de monnaie, l'attribution exclusive de postes administratifs aux Français, Provençaux et courtisans Italiens, créèrent un climat favorable pour sa propagande. Il agit si bien qu'en quelques mois la tension des esprits fut extrême. Les Siciliens regrettaient le règne de Frédéric II dont le caractère et les goûts se rapprochaient des leurs; ils espéraient retrouver l'ambiance d'antan en se plaçant sous le sceptre de Pierre d'Aragon et de Constance, dernière héritière de l'Empereur: *"Plutôt mourir au combat que de croupir dans un honteux esclavage."*

A Palerme, le Lundi de Pâques 30 mars 1282 à l'heure des Vêpres, l'émeute fut déclenchée à la suite de l'attitude d'un groupe de Français et

[12] René GROUSSET, *Histoire des Croisades*, III, 677.

[13] cf. M. CANARD, *Le traité de 1281 entre Michel Paléologue et le Sultan Qala'un*, in *Byzantion* (1935).

[14] celui-là même, dit-on, qui avait relevé le gant jeté par Conradin quelques instants avant sa mort.

Provençaux qui manquèrent de respect à des femmes siciliennes qu'ils accusaient de camoufler des armes. Au cri de *Mort aux Français!*, un massacre organisé commença, duquel n'échappèrent que quelques rares personnes qui avaient su s'attirer la sympathie populaire.

"Ils occirent tous ceux qu'ils purent trouver, écrit Guillaume de Nangis, *et n'en furent épargnés ni vieux, ni jeunes; tous furent mis à l'épée. Même les femmes enceintes des Français furent toutes occises, si bien que nulle n'en demeura."*

Charles rassembla ses troupes, ordonna au Bayle de Jérusalem Roger de San Severino, de rallier au plus tôt Naples. Jérusalem fut confiée à la garde du Français Eude Poilechien, neveu du Pape Martin IV. Le fils du Roi de Sicile, Charles, Duc de Salerne, fut envoyé quérir des renforts en France, alors que le Roi lui-même franchissait le Détroit de Messine. A ce point il eut le tort, disent les contemporains, d'oublier le proverbe de chez lui:

> Qui ne fait quand il peut
> Ne fait mie quand il veut!

S'attardant à parlementer avec les habitants de Messine, il leur laissa amplement le loisir d'appeler des renforts et de résister ensuite à tous les assauts.

h. Lutte Anjou-Aragon

De son côté, Pierre d'Aragon armait une flotte qu'il dirigeait par feinte sur Tunis où les Sarrasins étonnés lui livrèrent bataille — se croyant menacés — et lui infligèrent des pertes sérieuses. Rome, se méfiant à juste raison du turbulent et retors souverain, avait dépêché en Sicile l'évêque Girard de Parme afin qu'il admonestât le peuple et le ramenât à l'obéissance. Mais deux délégations de Palerme et de Messine vinrent à sa rencontre et lui signifièrent que le Roi d'Aragon était entré en Sicile et que le peuple entier l'avait reconnu pour son Souverain.

La Calabre suivit le mouvement de révolte et Charles dut bientôt faire marche arrière avec ses troupes pour pacifier le pays: partout le parti Gibelin semblait renaître de ses cendres, et le cri de *Mort aux Français!* retentissait dans tout le Mezzogiorno. Le Roi dut faire démanteler toutes les installations portuaires, les nefs, de peur qu'elles vinssent à tomber entre les mains de l'ennemi. Sur ces entrefaits, le Prince de Salerne revint de France avec de nombreux renforts à la tête desquels se trouvaient Pierre d'Alençon, frère du Roi de France, Robert d'Artois, le Duc de Bourgogne, les Comtes de Dammartin et de Boulogne.

De son côté, Pierre d'Aragon était non seulement soutenu par la majeure partie du peuple, mais bénéficiait encore de l'alliance de son frère,

Dom Jayme, dont les terres du Roussillon et de Majorque offraient des têtes de pont favorables aux opérations.

Cependant, jamais la bataille ne fut acceptée par Pierre d'Aragon. Charles d'Anjou se mit en grande peine de prendre le contact avec ses ennemis parmi la Calabre car ses adversaires, dès qu'ils le savaient approchant, abandonnaient villes et forteresses. Le Roi d'Aragon, connaissant le pouvoir de Charles et la hardiesse des Franco-Provençaux, recherchait tous les moyens possibles pour éviter un engagement de forces qui eut tourné à son désavantage. Il proposa d'affronter en landes près de Bordeaux, cent chevaliers de chacun des deux camps, remettant le jugement à Dieu.

Quand le Roi de Sicile connut cette proposition, il en fut très satisfait. Chaque parti prêta serment, et la rencontre fut fixée au 1° juin 1283. Mais par suite de la défection de Pierre d'Aragon, ce tournoi romanesque n'eut point lieu. Dès le 21 mars de la même année, l'usurpateur avait été déclaré déchu de ses droits par Rome et, sur la proposition de Charles d'Anjou lui-même, la couronne d'Aragon avait été offerte à Charles de Valois, fils puîné du Roi de France Philippe III le Hardi. Le Roi de Sicile profita d'un séjour en France pour faire entériner cette décision par deux assemblées de barons et de prélats (novembre 1283 et février 1284). Il ne repartit vers son royaume qu'après qu'eut été admis le principe de la désastreuse Croisade aragonaise qui, en 1285, devait jeter un si grand discrédit sur la France.

Dès ce moment, les évènements se précipitent, et bien des acteurs du drame que nous venons de voir se dérouler vont disparaître.

Un courrier de Charles d'Anjou à son fils invite le Prince de Salerne à n'engager aucune action avec l'ennemi. Mais ce courrier est intercepté entre Marseille et Naples par des espions Siciliens. Informés des projets du Monarque, Aragonais et Siciliens vont provoquer les Français jusqu'en la Baie de Naples. C'est au cours d'une sortie contre eux que l'héritier du trône des Deux-Siciles est fait prisonnier. Nul ne le pouvait secourir, son père étant retenu à Marseille, le Comte d'Artois guerroyant contre des bandes calabraises.

Quatre jours plus tard, Charles d'Anjou apprit la nouvelle en arrivant à Naples. Sa colère fut terrible, d'autant qu'il trouva la cité en révolte ouverte, les Français expulsés. Ses représailles furent particulièrement cruelles. Il rejoignit ensuite les Comtes d'Artois et d'Alençon, ses neveux, et fit rallier Brindisi par sa Flotte après avoir renoncé à une nouvelle tentative de débarquement en Sicile. L'île lui échappait définitivement et Pierre III en avait reçu ouvertement la couronne. En vain Martin IV chercha-t-il à soutenir le souverain déchu en excommuniant Pierre III comme il avait naguère excommunié Michel Paléologue, et en conférant à nouveau à Charles les titres de Sénateur de Rome et de Suzerain de Romagne.

i. L'épilogue

Alors que le Comte d'Alençon trouvait la mort au cours d'un combat contre les Almogavares, Charles d'Anjou disparaissait à Foggia après une brève maladie, le 7 Janvier 1285, âgé de cinquante-neuf ans.

Martin IV lui succéda de peu dans la tombe (29 mars) de même que le Roi de France (5 octobre). Quant à Pierre d'Aragon, il avait confié la régence de Sicile à sa femme, Constance, laquelle eut le loisir d'apprécier la versatilité des Siciliens. La guerre entre les deux Maisons d'Anjou et d'Aragon devait s'éterniser dix ans encore.

Pierre III abdiqua, ne gardant que le titre de "Dom Pedro, père de deux rois et Seigneur de la mer". Il donnait l'Aragon à son fils aîné Alphonse et la Sicile au second, Dom Jayme. Un accord fut tenté en 1291 à Tarascon: Charles II, libéré de captivité en 1288, conservait Naples et la Calabre et léguait les Comtés d'Anjou et du Maine à Charles de Valois qui renonçait, de son côté, à l'Aragon. Dom Jayme conservait la Sicile que le nouveau pontife, Nicolas IV, chercha vainement à lui arracher. Plus tard, Boniface VIII obtint qu'il abandonnât la couronne en épousant la fille de Charles II, Blanche. Mais les Siciliens refusèrent une fois encore le joug français, et se soumirent au troisième fils de Pierre d'Aragon, Frédéric, qui prit le titre de Roi de Trinacrie.

Mais depuis longtemps déjà, la dépouille du vieux lutteur qui avait engendré toutes ces querelles reposait en l'église majeure de Naples où "le ver du sépulcre filait dans son cercueil les indestructibles réseaux de la mort."

L'HOMME

"Charles, le cadet de la famille, avait plus de force et de sang (que son frère Alphonse). Cet homme grand, aux traits accusés, avec un air grave et dur, qui parlait peu, ne riait pas, est le premier des Capétiens qui ait eu de grandes destinées hors de France. Comte d'Anjou et de Provence, puis Sénateur de Rome, Roi des Deux-Siciles, prétendant au trône de Jérusalem et, pour les siens, à l'Empire latin de Constantinople, il ébranla la moitié de l'Europe et fut célébré, ou maudit, dans toutes les langues. Soldat du pape, mais maître des papes; défenseur zélé de l'orthodoxie avec ceux de son ambition, il est, à certains égards, une préfiguration de Philippe le Bel. On vantait sa chasteté, sa dévotion, son courage, le goût qu'il avait pour les arts. Son orgueil était légendaire. A la fin de sa carrière, il prit assez d'ascendant sur la maison royale de France pour la jeter dans de terribles aventures" [15].

[15] Ch. V. LANGLOIS, *Saint Louis*, in *Histoire de la France depuis les origines jusqu'à la Révolution*, sous la direction d'Ernest LAVISSE, Paris (1902), II, 45.

Les historiens l'ont généralement peint cupide, orgueilleux, sacrifiant tout à son propre intérêt. Les scènes cruelles que nous venons d'évoquer, qu'elles aient eu pour cadre Marseille, Naples ou Parme, le montrent sous un jour odieux et font de lui la vivante antithèse de son frère aîné Saint Louis. On imagine difficilement comment il se peut qu'un même flanc ait pu porter des êtres d'exception comme Louis IX ou Isabelle de France, et un rejeton aussi inhumain dans son rêve de puissance. Comment peut-on même trouver dans sa postérité directe un Louis d'Anjou que Jean XXII devait canoniser en 1317, en même temps que Thomas d'Aquin?

Il est cependant nécessaire de nuancer le jugement et d'apporter au dossier de Charles d'Anjou des témoignages modérateurs. Sa vie tout entière fut consacrée à l'action politique et, dans la tentative de réalisation de ses projets impérialistes, on doit convenir qu'il réunit autour de lui des seconds dont le zèle excessif allait souvent au-delà des instructions reçues.

Son caractère fortement trempé paraît avoir été exempt de sentimentalisme: Saint Louis lui avait reproché à Mansourah de n'avoir guère pleuré le trépas du Comte d'Artois. Mais était-il vraiment digne, aux mains des Sarrasins, de verser des torrents de larmes? Dans d'autres circonstances, au moment de la mort du Roi à Carthage, il fera preuve d'une semblable force de volonté:

> Comme le Roi de Sicile prenait son port, il s'émerveilla moult pourquoi les gens de l'ost étaient si mats et si pesants. Ils ne lui firent point belle chère; car en l'heure que il sortit de son navire, son frère mit hors l'esprit à Dieu. Et il demanda à aucuns que ce pouvait être? Et il lui fut dit que son frère, le Roi de France, se mourait, et que il se hâtât tôt et que on ne croyait point qu'il le pût trouver en vie. Quand le Roi de Sicile ouit la nouvelle, il se pourpensa et avertit que si il faisait semblant de douleur et de tristesse, la compagnie de l'ost s'en pourrait trop fortement émouvoir et épouvanter et choir en désespérance; et si les Sarrasins s'en apercevaient, il leur donnerait matière d'assaillir. Pour cette chose, il fit la meilleure chère et la plus liée à ceux qu'il rencontra; et vint aussi liéement en l'ost, comme si il venait à une noce et se hâta moult de venir à son frère; il le trouva tout chaud car son esprit était tout maintenant issu. Tout maintenant que il vit son frère deffiné, il se mit à genoux et pria Notre Seigneur que il eût l'âme de lui; et lui coururent les larmes des yeux. Adonc se pourpensa que c'est nature de femme de pleurer; il se dressa et regarda entour lui tout aussi fermement comme si il ne lui en fut à rien . . ." [16]

Cette scène, prise sur le vif, témoigne-t-elle d'une extraordinaire maîtrise de soi ou au contraire d'une parfaite indifférence pour ce qui ne le touche point directement?

[16] *Grandes chroniques de France*, édit. et translitt. par B. ZELLER in *Moeurs et Institutions du XIIIème siècle,* Paris (1884).

Par ailleurs, il se montre en de nombreux cas soucieux de l'ordre établi et de la discipline. Jamais il ne cherche à tirer parti des situations qui pourraient lui être profitables lorsqu'il estime que ses droits sont nuls; ainsi, il est le premier à détourner le Roi de son voeu d'entrer dans les Ordres. Par contre, il n'hésite pas à affronter les Princes dont les couronnes sont d'une légitimité douteuse: Michel Paléologue, Manfred, Guillaume de Hollande. Toujours, cependant, il appuie son action sur une autorité plus ou moins conforme au droit établi, servi d'ailleurs dans ses desseins par une politique pontificale qui lui est très favorable.

Si ses représailles ont été cruelles envers les responsables semant la révolte sur ses propres terres, il a fait généralement preuve, par contre, de mansuétude à l'égard du menu peuple. Son Administration s'est, dans bien des cas, montrée sage et efficace, ne serait-ce que dans le Royaume Franc de Jérusalem où il réussit contre toute attente à faire régner la paix.

Dès son adolescence, il manifesta un goût prononcé pour le faste et le luxe: ses récriminations alors qu'il estimait que l'adoubement de son frère avait été plus solennel que le sien en sont un premier témoignage. Accédant au trône des Deux-Siciles, il cherche à recréer à sa cour cette atmosphère de raffinement quasi-oriental dont s'étaient entourés les Hohenstaufen. Il attire à Naples nombre d'artistes qu'il avait eu le loisir de connaître, tant en pays d'oc que dans les territoires de langue d'oïl. C'est pour sa distraction qu'Adam de la Halle réalise le Jeu de *Robin et Marion,* ce petit chef-d'oeuvre du théâtre profane naissant.

Homme d'action et mécène, il est, à la mort de Saint Louis, le véritable chef de la Maison de France, et le concert d'hommages que lui font les trouveurs contraste singulièrement avec l'amertume de certains chroniqueurs. Mais n'est-ce point un privilège des Princes que d'entendre constamment s'élever des dissonances, même si leur action semble juste et débonnaire? Le mot de la fin peut être donné à l'auteur du *Roman de Hem* qui, le premier sans doute, a su souligner cette dualité de sentiments qui animait le Comte d'Anjou:

Bien devés avoir ramembrance
— Vous qui cest romant escoutés —
Celui qui tant est redoutés:
Carlon, qui de Sesile est rois.
Il est humeles et courtois
Humele a Dieu comme un aigniaus
Fier comme lyon envers ciaus
Qui lui surcuerent et mesfont [17]

* * *

[17] Albert HENRY, *Sarrasin, le Roman du Hem*, in *Travaux de la Faculté de Philosophie et Lettres de l'Université de Bruxelles* IX, Paris (1938), vers 4-11.

Le blason ordinaire des sceaux de Charles d'Anjou est représenté avec le chevalier galopant qui figure dans le L orné qui sert d'initiale à la Chanson RS 540, *Li granz desirs et la douce pensee,* au folio 4 du Manuscrit du Roi [18]. Holgger Petersen Dyggve signale que ce Prince portait encore *De France à la bordure chargée de châteaux,* où la brisure rappelle Blanche de Castille, sa Mère [19].

SES AMIS POÈTES

Charles d'Anjou s'est toujours intéressé à la musique et à la poésie. Sa jeunesse avait été bercée des chansons de troubadours et de trouvères, entre autres celles du Roi de Navarre, Thibaut IV de Champagne. Blanche de Castille elle-même ne semble pas avoir dédaigné l'art du trouver, et une rubrique lui attribue la composition de la chanson RS 1604 a, *Amours ou trop tard me sui pris* [20]. Saint Louis infligeait à ceux de son entourage qui blasphémaient, l'exécution d'un chant en l'honneur de la Vierge et d'aucuns lui ont attribué la paternité de la chanson farcie RS 89 a, *L'autrier matin el mois de Mai* [21].

De nombreux textes poétiques attestent la finesse des arbitrages du Comte d'Anjou. Une des plus anciennes parmi ces allusions se trouve dans l'anonyme RS 1835, écrit peu après la Bataille de Saintes, en Juillet 1242:

> Dieu gardez nos le Seignor des François
> Charle et Aufor et le Conte d'Artois.

Raoul de Soissons, familier de la Cour de France, fait à plusieurs reprises allusion aux qualités du Prince et à l'amitié qui les lie:

> A Challon, qui d'armes vaint
> Dux, contes, princes, marchis,
> Autant comme li bons rubis
> Passe li faus voire taint,
> Proie que la mere Deu aint,
> Qui touz bien set aprendre
> Et plus doner que nuz n'oseroit prendre:
> Se conquerra paradis
> Gloire et honor et amis." [22]

On trouve ici pour la première fois la comparaison entre Charles d'Anjou et le "bon rubis", qui se rencontre dans plusieurs autres textes:

[18] cf. Max PRINET, *L'illustration héraldique du Chansonnier du Roi,* in *Mélanges Alfred Jeanroy,* Paris (1928), 523.

[19] DYGGVE, *Comte d'Anjou,* 270 (cf. note 4 sup.)

[20] Edit. et transcription inf. en *Appendice.*

[21] Ibid.

[22] Emil WINCKLER, *Die Lieder Raouls von Soissons,* Halle/Saale (1914), 22.

Chançon — au Rubis de jovent,
Qui d'Amours a prouece en fié,
Ardement et cuer envoisié —
Dit qu'Amours serve finement;
Si n'avra souz le firmament
Ne roi ne comte se prisié;
Car il a si bien commencié,
S'avarice ne li deffent,
Qu'il ert loe de tote gent,
Et s'avra joie a son talent [23]

Le même chevalier-poète en appelle à son arbitrage et loue sa compétence:

1 He! Cuens d'Anjou, on dist par felonnie
Ke je ne sai chanter fors por autrui...
46 ...He! Cuens d'Anjou, par vostre chanterie
Porriez avoir joie et pris et honor! [24]

Emil Winckler date ces textes dont il est l'éditeur, du retour de Raoul de Soissons de la première croisade de Saint Louis, c'est à dire d'environ 1250 [25].

Rutebeuf fait également allusion à deux reprises à notre Roi-trouvère. Une fois dans la Nouvelle Complainte d'Outremer datée de 1274, afin de l'exhorter à la Croisade [26] et dans le Dit de Pouille de 1265:

De Puille est la matyre que je vuel commancier
Et dou Roi de Sezile que Dieux puisse avancier [27]

Mais c'est à Arras où il eut de fréquentes occasions de se rendre lors de son retour de Terre Sainte, après la mort du Comte Robert I d'Artois, qu'il provoque les sympathies les plus vives. Il figure comme juge dans divers jeux-partis:

— RS 840, opposant le Comte de Bretagne à Bernart de La Ferté et dont le second juge est le Comte de Gueldre;

— RS 491, Duc de Brabant contre Gillebert de Berneville, second juge, Raoul de Soissons;

[23] Ibid., 44 (Chanson RS 929).

[24] Ibid., 46 (Chanson RS 1154).

[25] Ibid., 15.

[26] RUTEBEUF, *La Nouvelle Complainte d'Outremer*, édit. Edmond FARAL et Julia BASTIN, 2 vol., Paris (1959-60) I, 497.

[27] RUTEBEUF, *Le Dit de Pouille*, id.

[28] Angelica HOFFMANN, in *Robert de le Piere, Robert Le Clerc, Robert de Castel* (*Zur Arraser Literaturgeschichte des 13. Jahrhunderts*), Diss. Halle/Saale (1917), 43. — Cette médiéviste opterait même pour le Roi d'Angleterre lui-même, venu jouter à Arras en 1260-61.

— RS 940, Jehan Bretel et Perrin d'Angicourt; second juge, Audefroi Louchart;

— RS 664, Audefroi Louchart et Jehan Bretel; second juge, Perrin d'Angicourt;

— RS 1514, Lambert Ferri et Robert du Caisnoi; second juge, Edouard d'Angleterre, fils d'Henri III, venu à diverses reprises en Artois vers 1259-1265 [28].

Enfin, Charles d'Anjou est le partenaire direct de Perrin d'Angicourt dans le jeu-parti RS 938 [29]. Il y témoigne d'un mépris assez inattendu de la fortune et des grandeurs.

Perrin d'Angicourt semble avoir été entraîné dans le sillage direct du Prince dont il est question à deux reprises dans ses oeuvres; d'une part dans la chanson couronnée *Quant sui parti de Provence* (RS 625) et dans l'envoi de la pièce RS 172:

> Chançon, va t'en sans retraire
> Ne sejorner ci
> A la sage debonaire;
> De par moi li di
> Que tuit mi chant sont pour li.
> Lors sans arestance
> Au Comte d'Anjou t'avance,
> Di li que tous jors
> Hee jangleors,
> Je li charge en penitence.

Dans son édition des Chansons de Perrin d'Angicourt [30], Steffens avance que le poète fut Surintendant des fortifications et des châteaux du Roi de Sicile, mais Petersen Dyggve remarque qu'un autre Petrus de Angicuria est nommé *forestarius* au service de Charles, à Foggia [31].

Bien d'autres chansons du groupe d'Arras témoignent de la popularité du Prince de la Terre de Labour dans la Terre artésienne:

> Chanson va t'en en Anjou sans resort,
> Au Conte di k'il ne se desconfort [32]

Sans nous attarder à Jean de Meung qui vante ses exploits dans le

[29] cf. édition inf.

[30] Georg STEFFENS, *Die Lieder des Troveors Perrin von Angicourt*, Halle/Saale (1905).

[31] cf. Holger PETERSEN DYGGVE, *Onomastique des trouvères* (Annales Academiae Scientiarum Fennicae, B XXX, 1), Helsinki (1934). — L'origine même de ce trouvère est controversée et l'on ne saurait affirmer s'il s'agit en l'occurence de l'un ou l'autre des deux fonctionnaires mentionnés ici, morts respectivement vers 1300 et 1274; la seconde éventualité serait cependant plus plausible.

[32] RS 1406.

Roman de la Rose [33], nous relèverons le dernier hommage d'importance d'un arrageois venu à Naples dans la suite du Comte Robert II d'Artois, et qui n'est autre que le célèbre auteur du *Jeu de Robin et Marion,* Adam de la Halle. Dans sa dernière oeuvre, d'ailleurs inachevée, qu'il intitule la *Chanson du Roi de Sezile*, il fait un véritable panégyrique

Du plus noble prinche en proueche et en amours
12 Qui onques endossast chevaleureus atours...

Maître Adam exalte la piété, le caractère chevaleresque, la gentillesse de son protecteur, lequel dépasse ses frères en valeur:

C'est du bon roy Charlon, le seignor des seignours
17 Par cui li drois estas de la foi est ressours...
...Et de Chevalerie est chix et dieus et flours...
80 ...Li mainés fieux leur pere fu Charles li gentiex;
Mais aussi proprement comme Mais et Avriex
Entre les autres mois est biaus et dous et piex
Fu Charles li plus gens et li plus signeriex.
Tous furent filz de roy, mais Charles le fu miex
85 Car au jour qu'i fu nez estoit la poétiex
Li peres dou Roiaume et sacrés et eslieux:
Che n'iert il quant il eut ses III primerains fiex.

Cette Geste de Charles, composée vers 1285, ne va pas au-delà des négociations entre Rome et la Cour de France pour la succession de Sicile.

C'est en la Province de Pouille que mourut et fut enterré Maître Adam. L'auteur anonyme du *Jeu du Pélerin* [34] nous dit avoir été conduit sur sa tombe par Robert d'Artois lui-même:

20 ...Je sui mout lassés: esté ai a Luserne,
En Terre de Labour, en Toskane, en Sezile;
Par Puille m'en reving ou on tint maint concille
D'un clerc net et soustieu, gracieus et nobile,
Et le nomper du mont; nés fu de ceste ville.
25 Maistre(s) Adans li Bochus estoit chi apelés
Et la Adans d'Arras...
...Chis clers don je vous conte
35 Ert amés et prisiés et honnerés dou Conte
D'Artois...
45 Or est mors maistre Adans, Dieus li fache merchi!
A se tomble ai esté, don Jhesu Crist merchi;
Li Quoins le me moustra, le soie grant merchi.
Quant jou i fui l'autre an... [35]

* * *

[33] Ernest LANGLOIS, *Le Roman de la Rose par Guillaume de Lorris et Jean de Meung*, Paris (1921) III, 12-13, vv. 6637 ss.

[34] *Le Jeu du Pélerin*, édit. Ernest LANGLOIS, en Appendice I à l'édition du *Jeu de Robin et Marion* (CFMA) Paris (1958).

[35] Ibid.

Les relations de Charles d'Anjou avec le monde beaucoup plus remuant des troubadours, présentent de nombreuses incertitudes; elles ont cependant été multiples et durables.

La famille de Béatrice de Provence protégeait depuis longtemps ces maîtres de la *fin·amor*; principalement son père, le Comte Raimon Bérenguier qui, sans doute, rima de compagnie avec Aimeric de Péguilhan. Deux pièces provençales attribuées à Charles d'Anjou sont précisément imitées de ce troubadour [36].

Nous avons noté, dans la biographie du Roi de Sicile, que Luquet Gatelus lui avait adressé un sirventes. Guilhem Figueira, dans un autre sirventes cité à propos de la mort de Saint Louis, fait allusion aux horreurs des Vêpres Siciliennes. On pourrait réunir encore les noms de ceux qui auraient pris part à l'une ou l'autre des expéditions marseillaises: Perdigon, Hugue de la Pena qui fut, selon l'Abbé Robert de Briançon dans son *Etat de la Provence dans sa noblesse*, "Secrétaire des Commandements de Charles Ier, Roi de Naples et de Sicile et Comte de Provence"; Sordel, dont le séjour auprès du Prince est attesté par de nombreux actes importants et qui, après la mort de Conradin, reçut cinq châteaux dans les Abbruzzes, pour lesquels sa reconnaissance semble avoir été de courte durée [37].

On sait l'influence considérable qu'a exercé l'art des troubadours sur la naissante poésie italienne, et il est finalement assez vain de tenter de dresser une liste plus ou moins fantaisiste des poètes provençaux qui ont fréquenté la Cour de Naples. Un très large courant d'échanges s'est opéré dès le XIIème siècle, dont l'ampleur maximum se situe après la Croisade Albigeoise, c'est à dire à une époque où la Péninsule, sous le sceptre de Frédéric II, offrait un sûr asile.

La Cour de Naples était de beaucoup la plus cultivée d'Europe: la langue occitane y était fort prisée; "la poésie provençale et son imitation en langue italienne étaient cultivées dans toutes les parties de la Péninsule. Il y avait des imitateurs, des provençalisants — comme dit M. Ancona — à Naples, à Rome, Arezzo, en Toscane aussi bien qu'en Emilie, en Lombardie et à Venise. Tous ces poétes composaient en Provençal, ou paraphrasaient des poèmes provençaux en Italien [38]. Chiaro Davanzati traduisait Sordel [39]. Mais à l'encontre des élèves des troubadours réfugiés en

[36] cf. inf. pièces G et H.

[37] cf. J. BOUTIÈRE, A. SCHÜTZ et I. M. CLUZEL, *Biographies des troubadours*, Paris (1964), 564; Cf. inf. pièce F.

[38] Cf. A. GASPARY, *Die sicilianische Dichterschule des 13. Jahrhunderts*, 17, 25, 30 ss.

[39] Ezio LEVI, *Poesia di popolo e poesia di Corte*. — Cf. *Storia letteraria d'Italia* (Vallardi), 9 vol. parmi lesquels *Il Duecento*, par Giulio BERTONI.

Sicile, les poètes du Nord de l'Italie devaient leur connaissance de la Littérature provençale aux troubadours italiens qui, comme Sordel, Cigala, Zorzi, étaient les amis et les disciples de Montanhagol, de Guiraut Riquier et des poètes dont l'inspiration acceptait de se plier aux exigences de l'Eglise" [40].

Charles d'Anjou, fin lettré et grand amateur de musique, a non seulement maintenu, mais favorisé au plus le mouvement artistique suscité en Italie par les Hohenstaufen. Aussi bien que Frédéric Barberousse et Frédéric II, il a joué un rôle capital dans la formation des premières écoles poétiques de la Péninsule: Bologne, Florence et Palerme. Sous son règne encore, Francesco Torraca aurait pu reconnaître que "la poésie provençale pénétrait de tous côtés en Italie, comme l'eau dans l'éponge."

Le lyrisme provençal, se sublimant sous l'action de ces Princes, esquissait pour Dante Alighieri le chaste profil de Béatrice.

* * *

LES MANUSCRITS

— ROME, Bibliothèque Vaticane, ms. 3206; Chansonnier provençal L. [41]

f° 5: *Domna vos m'avez e amors* (PC 177a, 1), sans notation; édition inf. pièce G.

— NEW-YORK, Bibliothèque Pierpont-Morgan, ms. 819; Chansonnier provençal N (Chansonnier Pierpont-Morgan).

f° 28: *Domna vos m'avez e amors* (PC 177a, 1), sans notation; édition inf. pièce G.

— FLORENCE, Bibliothèque Laurentienne, ms. Plut. XLI cod. 42; Chansonnier provençal P.

f° 65: *Sordel diz mal di mi* (PC 437, 37), unicum sans notation; édition inf. pièce F.

— FLORENCE, Bibliothèque Riccardienne, ms. 2909; chansonnier provençal Q.

f° 7: *Domna vos m'avez e amors* (PC 177a, 1), sans notation; édition inf. pièce G.

[40] Robert BRIFFAULT, *Les troubadours et le sentiment romanesque*, Paris (1945), 143.

[41] Nos sigles sont ceux d'Alfred Pillet. Cf. Alfred PILLET et Henry CARSTENS, *Bibliographie der Troubadours*, Halle/Saale (1933).

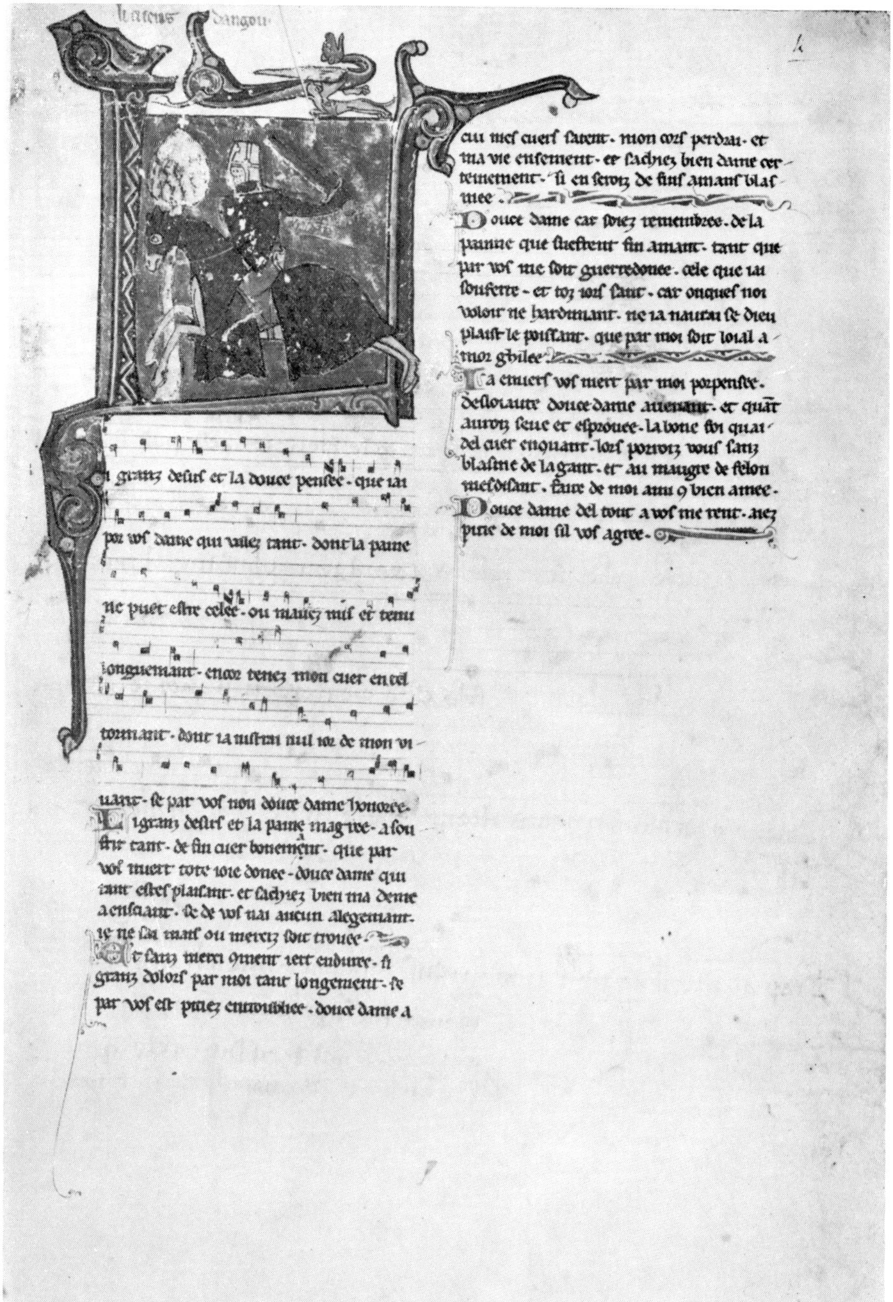

Planche III:

Manuscrit français 844 (folio 4) de la Bibliothèque Nationale, dit *Chansonnier du Roi* (*Li granz desirs*).

Cliché Bibliothèque Nationale

— PARIS, Bibliothèque Nationale, ms. français 844; Chansonnier français M, Chansonnier provençal W (Chansonnier du Roi) [42].

Le Manuscrit du Roi: ainsi désigné par Jean Beck qui a reconstitué le Chansonnier dans son état primitif en avançant que ce recueil avait été réalisé pour Charles d'Anjou [43]. Son argumentation a été réfutée à diverses reprises [44].

f° 4: *Li granz desirs* (RS 540), unicum avec notation; édition inf. pièce B.

f° 41: *La plus noble emprise* (RS 1623 a), unicum avec notation; édition inf. pièce C.

f° 185: *Sill qu'es caps e guitz* (PC 461, 67 a), unicum avec notation; édition inf. pièce H.

f° 215: *Ki de bons est souëf flaire* (RS 165 a), unicum avec notation; édition inf. pièce D.

— PARIS, Bibliothèque Nationale ms. français 845; Chansonnier français N (Chansonnier Cangé).

f° 46: *Trop est destroiz* (RS 423), notation musicale; édition inf. pièce A.

— PARIS, Bibliothèque Nationale, ms. français 847; Chansonnier français P.

f° 127: *Trop est destroiz* (RS 423), notation musicale; édition inf. pièce A.

— PARIS, Bibliothèque Nationale, ms. français 24.406; Chansonnier français V (Chansonnier La Vallière).

f° 69: *Trop est destroiz* (RS 423), unicum pour la notation; édition inf. pièce A.

f° 94: *Cuens d'Anjo, prenez* (RS 938), unicum avec notation; édition inf. pièce E.

— PARIS, Bibliothèque Nationale, nouvelle acquisition française 1050; Chansonnier français X (Chansonnier Clairambault).

[42] Sigles de Schwann et de Jeanroy. Cf. Eduard SCHWANN, *Die altfranzösische Liederhandschriften . . .*, Berlin (1886) et Alfred JEANROY, *Bibliographie sommaire des Chansonniers français du Moyen-Age*, CFMA, Paris (1918).

[43] Jean & Louise BECK, *Le Manuscrit du Roi*, fac-sim. et édition, 2 vol., Philadelphie (1938). — Description sommaire in *Lais et Chansons d'Ernoul de Gastinois*, American Institute of Musicology, *Musicological Studies and Documents 15*, Dallas (1964), 5.

[44] Mario ROQUES, in *Romania* LXV, 143. — Arthur LÅNGFORS, *Neuphilologische Mitteilungen* XL (1939), 352. — Hans SPANKE, *Der Chansonnier du Roi*, in *Romanische Forschungen* LVII (1943), 100.

f° 178: *Trop est destroiz* (RS 423), notation musicale; édition inf. pièce A.

— PARIS, Bibliothèque Nationale, manuscrit français 12.483, sigle i (chants religieux).

f° 54: *L'autrier matin el mois de Mai* (RS 89 a), unicum avec notation; édition inf. Appendice pièce I.

— PARIS, Bibliothèque Nationale, nouvelle acquisition française 21.677, sigle j (folio isolé d'un chansonnier dit Fragment Aubry).

f° 2: *Amours, u trop tart me sui pris* (RS 1604 a), unicum avec notation; édition inf. Appendice, pièce J.

REMARQUES GENERALES

a) *Sigles*

Indépendamment des sigles-lettres désignant les manuscrits dont nous venons de donner la liste, les lettres PC suivies de deux nombres séparés par une virgule sont des références à Alfred PILLET et Henry CARSTENS, *Bibliographie der Troubadours,* Halle/Saale (1933).

Les lettres RS suivies d'un nombre renvoient à la *Gaston Raynauds Bibliographie des altfranzösischen Liedes,* complétée par Hans SPANKE et éditée par Heinrich HUSMANN, Leide (1955).

La référence *Frank* concerne le *Répertoire métrique de la poésie des troubadours* d'Istvan FRANK, vol. I, Bibliothèque de l'Ecole des Hautes Etudes, fasc. 302, Paris (1953) et vol. II, édité par Edith BRAYER, Bibliothèque de l'Ecole des Hautes Etudes, fasc. 308, Paris (1957).

b) *Rythme des transcriptions*

Nous prions le lecteur de bien vouloir se référer à l'excellent compte-rendu d'une séance du Congrès de New-York (1961) de l'International Musicological Society; compte-rendu publié par Isabelle CAZEAUX in I.M.S. Congress Report, Cassel-Bâle-Londres-New-York (1961) vol. II, 43-47. Cette séance a réuni, en une discussion essentielle concernant la question du rythme des chansons de trouveurs, des spécialistes parmi les plus éminents. Entre autres remarques, nous retiendrons ici:

— A dater d'environ 1180, l'utilisation des modes rythmiques est possible et probable (H. HUSMANN), ce qui est le cas pour les présents textes.

Depuis 1950 environ, on constate qu'il est arbitraire de faire pénétrer de force dans le carcan modal toutes les mélodies de trouveurs, étant donné que cette doctrine tardive est présentée par l'Anonyme IV uniquement pour la polyphonie, et surtout pour le motet (Mgr ANGLÈS, Jacques CHAILLEY).

— La doctrine modale peut admettre le mélange des modes, entre autres premier et second. C'est ce que Mgr ANGLÈS appelle le mode mixte. Il ne faut pas appliquer brutalement la formule d'un seul mode (Jacques CHAILLEY); il y a des monnayages, des assouplissements, des contractions... Il s'agit en somme, d'interpréter une notation sur des bases logiques.

— Il faut tenir compte des possibles modifications ultérieures du scribe.

— Il existe très peu de mélodies de trouveurs en vraie notation modale et cette notation, pré-franconienne, n'est pas toujours cohérente. De plus, de telles pièces sont généralement syllabiques alors que le problème le plus délicat est posé par les pièces mélismatiques.

— On ne saurait éliminer certaines mesures ternaires parce qu'elles nous semblent trop savantes (ou pas assez), ou parce qu'elles choquent notre sens personnel du beau. Le rythme binaire n'est pas à rejeter *ipso facto.*

— Nous sommes aujourd'hui habitués à lire en solfège minutieux (Jacques CHAILLEY): il faut se souvenir de l'expression de Grocheo: *Non ita precise mensuratum.* C'est à dire que la musique du XIIIème siècle peut comporter des éléments de mensuration, mais moins rigoureux que dans la polyphonie modale, et surtout que dans notre solfège actuel. A défaut d'utiliser une notation moins tyrannique que la nôtre, il faudrait au moins s'habituer, pour certaines périodes, à la lire avec plus de souplesse qu'on l'enseigne dans les Conservatoires. Bien de faux problèmes seraient évités ainsi [45].

[45] Dans cet ordre d'idée, le musicologue argentin Carlos VEGA, Directeur de l'*Instituto de Musicologia* du Ministère de l'Education Nationale à Buenos-Aires, a souligné la parenté possible entre la tradition des chanteurs populaires et celle des ménestrels chargés d'exécuter les mélodies de trouveurs. Après de nombreuses enquêtes, Carlos Vega a établi une théorie dont les éléments essentiels ont été réunis par Jacques CHAILLEY en un compte-rendu publié par la *Romania* (1957), 533-538. J'ai, pour ma part, constaté fréquemment l'intérêt médiocre des chanteurs populaires pour la musique notée; particulièrement en Irlande, où les interprètes s'éloignent souvent à l'extrême du texte imprimé, prétendant qu'il ne représente qu'un aide-mémoire pour celui qui est capable de le lire, mais qu'il convient, avant tout, d'interpréter le texte littéraire. Cf. pour exemple, les différences sensibles existant entre certains airs enregistrés chez *Gael-Linn* ou *Spól,* et leur édition dans la magnifique collection intitulée *An Choisir Cheoil,* livrée en fascicules, Dublin-Cork (1959 et ss.).

Cette tradition irlandaise est, du point de vue musical, aussi intéressante en ce qui regarde les trouveurs, que la tradition sud-américaine, et elle mériterait qu'un spécialiste s'y arrêtât. Elle a déjà été étudiée de façon remarquable, en son aspect littéraire, par Sean O'TUAMA, in *An Grá in Amhráin na hDaoine,* Baile Atha Cliath (1960). On peut établir des parallèles curieux entre ces traditions musico-poétiques d'Eire et celles du XIIIème siècle dont nous avons exposés quelques principes dans

— L'interprétation musicale esthétique est importante, mais elle ne sera invoquée qu'après avoir épuisé toutes les autres ressources. Il faut tenir compte du texte littéraire, du rythme verbal [46], des contrafacta &c... Sinon, on risque de faire une transcription plus fantaisiste qu'historique: le goût n'est qu'un des éléments qui entrent en jeu.

Coutumes musicales au Moyen-Age d'après le Tristan *en prose*, in *Cahiers de Civilisation Médiévale*, Poitiers II (1959), 341-353.

[46] En ce qui regarde le rythme verbal, la mélodie et la dynamique du vers d'oïl, on consultera avec un vif intérêt la belle étude de Roger DRAGONETTI, in *La technique poétique des trouvères dans la chanson courtoise* (contribution à l'étude de la rhétorique médiévale), *Werken uitgegeven door de Faculteit van de Letteren en Wijsbegeerte*, 127° Aflevering, Bruges (1960).

A. *Trop est destroiz* (Chanson RS 423)

Sources: N 46, P 127, X 178, V 69. Tous ces manuscrits sont notés; N, P et X présentant la même leçon mélodique avec variantes peu importantes; la mélodie de V est différente.

Editions: Jean-Benjamin de Laborde, *Essai sur la musique ancienne et moderne,* Paris (1780) II, 154. — Paulin Paris, *Le Romancero françois; Histoire de quelques trouvères et de leurs chansons*, Paris (1833), 123. — Holger Petersen Dyggve, *Personnages historiques figurant dans la poésie lyrique française des XII*[e] *et XIII*[e] *siècles; XXV: Charles, Comte d'Anjou,* in *Neuphilologische Mitteilungen*, tome L (1949), 170.

TEXTE MUSICAL A 1

I.

Trop est destroiz qui est desconfortez
De cele en qui il a tot son cuer mis
Et j'en ai tant souffert et enduré
Paine et travaus come loiaus amis
Ce sachiez bien, ja ne m'en partiré
Ainz serviré a mon pouoir toz dis
Tant que j'avrai vers ma dame trouvé
Aucun confort des maus ou el m'a mis.

II.

Li desconfort m'a si desespéré
Que je ne sai que puisse devenir
Mes un espoir m'a tant reconforté
Q'il li doie de mes maus souvenir
Et tant me fi en sa grant loiauté
Ja por autre ne me devra guerpir
Quant el saura con je li ai esté
Fins et verais cortois sanz repentir.

III.

Se loiauté me voloit avancier
Bien porroie de legier soustenir
Ma grant doleur et mes maus alegier
Que bone amour me fet por li souffrir
Toz jorz serai et sui en son dangier
Ce sachiez bien je ne m'en puis partir
Por ce li pri qu'ele mi vueille aidier
Qu'en desespoir ne me face morir.

IV.

Cele mi nuist qui mi devroit aidier
Et si ne daigne avoir de moi merci
Ne nule riens ne me puet alegier
Se cele non qui si me tient sesi
Que ne me puis ne me sai conseillier
Ainz en remaing dolenz et esbahi

Puis qu'el me veut en tel doleur lessier
Melz me vendroit la mort que vivre ensi.

V. Un seul confort me tient en bon espoir
Et c'est de ce c'onques ne la guerpi
Servie l'ai toz jorz a mon pouoir
N'onc vers autre n'oi pensé fors qu'a li
Et a tot ce me met en nonchaloir
Et si sai bien ne l'ai pas deservi
Si me couvient atendre son voloir
Et j'atendré conme loial ami.

TEXTE MUSICAL A 2

Rubriques: Li cuens d'Anjou (NPX); rubrique marginale dans V: *Comte d'Anjou.*

Schéma strophique: 10 ab ab ab ab ab. Cette formule strophique est utilisée également par le Chatelain de Coucy dans la chanson *Bele dame me prie de chanter* (RS 790), et par Gautier d'Epinal, *En toute gent ne truis tant de savoir* (RS 1816). Elle est inusitée chez les troubadours.

Variantes littéraires: Le manuscrit P a été utilisé pour l'édition ci-dessus.

Variantes de N: I. 1. destreiz 3. g'en 4. loax 5. Et sachiez/retréré 6. touz dis 8. des max.

II. 9. desconforz 12. max 15. com 16. courtois.

III. 19. douleur / max 21. Touz jorz 22. Et sachiez 23. Pour ce / vuelle 24. ne mi face 27. mi puet 30. esbahiz.

IV. 35. Touz jorz 37. tout ce 39. vouloir 40. j'atendrai / loiax amis.

Variantes de V: I. 2. tout 3. je ai 4. poine 5. Et sachiez / retréré 6. servirai / pooir / touz 7. que j'aversuré *avec points de correction sous vers.*

II. 9. desconfors 11. m'a si 12. Qu'a li 14. ne m'en 15. Que j'ai vers li esté 16. finz et loiaus / (comme loiau) *rayé.*

III. 19. mes granz dolours 21. *ce vers manque* 23. Por ce li di 23. weille 24. desconfort.

IV. 25. mi mist / mi devoit 28. qui me devoit guerir 30. dolanz et esbahis 31. dolour 32. Miex me vaudroit / vivre issi.

Variantes de X: I. 1. destrois / desconfortés 2. tout 3. g'en / soufert 5. sachiés / retrairai 6. servirai / pooir touz dis 7. trové.

II. 11. si reconforté.

III. 19. dolour 20. soufrir 21. touz jors 22. sachiés 22. ne m'en quier.

IV. 27. ne mi puet 28. saisi 30. dolens 31. dolor.

V. 35. touz jors / pooir 37. tout ce / a nonchaloir 40. Et atendrai come.

Remarques:

L'ambitus est d'une neuvième mineure, du mi^2 au fa^3. Ecriture sur portée de quatre lignes avec clefs d'ut troisième et quatrième. Notation non mesurée. L'emploi du si bémol est fort imprécis dans les trois manuscrits N P X, sauf dans X où il figure à l'armure pour les périodes correspondant aux vers 2 à 5.

Dans le manuscrit V, l'ambitus est d'une octave, de l'ut^2 à l'ut^3.

B. *Li granz desirs* (Chanson RS 540)

Source: unicum de M 4 [47] avec notation musicale.

Fac-simile: Jean & Louise Beck, *Le Manuscrit du Roi*, Philadelphie (1938).

Editions: Jean-Benjamin de Laborde, *Essai sur la musique ancienne et moderne*, Paris (1780) II, 153. — J. A. Buchon, *Recherches et matériaux pour servir à une Histoire de la domination française aux XIIIème, XIVème et XVème siècles dans les provinces démembrées de l'empire grec à la suite de la Quatrième Croisade*, Paris (1840) I, 426. — Holger Petersen Dyggve, *Charles Comte d'Anjou*, in *Neuphilologische Mitteilungen*, L (1949), 172.

[47] Noté M3 par erreur dans le catalogue Raynaud-Spanke.

TEXTE MUSICAL B

I. Li granz desirs et la douce pensee
Que j'ai por vos dame qui valez tant
Dont la paine ne puet estre celee
Ou m'avez mis et tenu longuemant
Encor tenez mon cuer en tel tormant
Dont ja n'istrai nul jor de mon vivant
Se par vos non douce dame honoree.

II. Li granz desirs et la paine m'agrée
A souffrir tant de fin cuer bonemant
Que par vos m'iert tote joie donée
Douce dame qui tant estes plaisant
Et sachiez bien ma deme a ensciant
Se de vos n'ai aucun alegemant
Je ne sai mais ou merciz soit trovée,

III. Et sanz merci comment iert endurée
Si granz dolors par moi tant longement
Se par vos est pitiez entroubliée
Douce dame a cui mes cuers s'atent
Mon cors perdrai et ma vie ensement
Et sachiez bien dame certeinement
Si en seroiz de fins amans blasmée.

IV. Douce dame car soiez remembrés
De la painne que suefrent fin amant
Tant que par vos me soit guerredonée
Cele que j'ai souferte et toz jors sant
Car onques n'oi voloir ne hardimant
Ne ja n'aurai se Dieu plaist le poissant
Que par moi soit loial amor ghilée.

V. Ja envers vos n'iert par moi porpensée
Desloiauté douce dame avenant
Et quant auroiz seüe et esprovée
La bone foi qu'ai del cuer en covant
Lors porroiz vous sanz blasme de la gant
Et au maugré de félon mesdisant
Faire de moi ami com bien amée.

VI. Douce dame del tout a vos me rent
Aiez pitié de moi s'il vos agrée.

Rubrique: Li cuens d'Angou.
Remarques littéraires:
Schéma strophique: 10 a′ b a′ b b b a

La construction strophique de cette pièce est la même que celle de plusieurs autres chansons: *Mout me semont Amors que je m'envoise* (RS 1837) de Conon de Béthune; *Bien ait l'amour dont l'en cuide avoir joie* (RS 1724) de Gace Brulé; *Nus chanters mais le mien cuer ne leece* (RS 485), plainte funèbre de genre serventois, par Jean Erart et *Tres bone Amours qu'en moi s'est hebregié* (RS 1162b), pièce d'auteur anonyme intercalée dans une complainte.

Cette formule, rare dans le répertoire provençal, a cependant été inaugurée par Bertrand de Born qui l'a utilisée à deux reprises, dans la chanson *Ai! Lemozis, francha terra cortesa* (PC 80, 1 et Frank 308:1) et dans le sirventes *Pois als baros* (PC 80, 31 et Frank 308:2).

Au vers 12. deme pour dame 18. *Il manque un pied au vers; il serait possible de dire* Tres douce dame 28. ghilée = guilée? 33. gant *pour* gent.

Remarques musicologiques
Schéma mélodique:
La notation n'est pas mesurée; portées de quatre lignes avec clefs d'ut. Plusieurs notes sont très pâles.

C. *La plus noble emprise* (RS 1623[a])

Pièce en semblance de lai non répertoriée dans le catalogue de Gaston Raynaud.

Source: M 41 (unicum avec notation)

Fac-simile: Jean & Louise Beck, *Le Manuscrit du Roi*, Philadelphie (1938).

Editions: Jean & Louise Beck, ibid., II, 165 (texte littéraire seul avec commentaires). — Jean Maillard, *Evolution & esthétique du lai lyrique des origines à la fin du XIVème siècle*, Paris (1963), 290.

TEXTE MUSICAL C

I. La plus noble emprise
Qui soit a empris
Mes cuers; car il prise
Dame de haut pris,
Plaisans, bien aprise.
Amours m'a apris
Si bien que la prise
Sent, dont je fui pris.
Vous pour moi reprise
Ne serés, ne je repris
Pour vous, car Amors s'est mise
La ou nos deux cuers se sont mis.
Mais se, par faintise,
Un cuers est d'amer faintis,
Seur tous autres le despris;
Chertes j'ai droit, car Amours le desprise!

II. Pour tant sui jou en agait
K'aucuns felons cuers agaite,
Pour trouver en moi meffait.
Et suspose ke mesfaite
Se soit chele ki, parfaite
Est en tous biens, et s'est faite
Au gré d'Amours ki la fait.
Mais ja n'i ara retrait
De nous deux, ne dit ne fait
Dont ele puist estre d'ouneur retraite.

III. Mais tele est ma destinée,

Ne sait ki l'a destiné
C'onkes ne me fu donée
Mercis; tant eusse douné
Le mien cuer ne ma pensée
En dame; mais j'ai pensé
Que puis k'Amours assené
M'a par son gré,
Ke grace me sera et assenée
De chele dont désirré
L'ai, lonc tans a.
Hé, douche désirrée,
Merchi vous pri!
Se mal dit, pardouné
Me soit de vous, ou merchis pardounée

Ce texte ne comporte pas de rubrique. L'analyse strophique se présente ainsi (il n'y a pas d'identités mélodiques):

I.	5a	5b	5a	5b	5a	5b	5a	5b		rimes ise, is
	5a	7b	7a	(7)b	5a	7b	7a	10b		
II.	7a	7b	7a	7b						ait, aite
	7b	7b	7a	7a	7a	10b				
III.	7a	7b	7a	7b	7a	7b				ée, e, a, i,
	7b	4b	10a	7b	4c	6a	4d	6b	10a	

d'où la formule strophique suivante [48]:

I	II	III
4 A + 2 x	2 B + 1 x	3 B + 1 x
2 4	2 6	2 9

Les strophes formées de vers irréguliers et le petit nombre de rimes ont fait classer cette addition autographe n° 16 du Manuscrit du Roi dans le genre *lai*, par Jean Beck. La composition de cette pièce serait, dit-il, antérieure d'une quinzaine d'années à celle de la pièce suivante également considérée comme un lai. Lorsqu'on a un tant soit peu eu le loisir d'apprécier la beauté formelle des grands lais de langue d'oïl, on reste déçu par ces pièces — surtout celle-ci — de forme peu cohérente, au manque de parallélisme entre les structures musicales et poétiques. Charles d'Anjou aurait-il voulu composer ici une fantaisie en style de lai? Peut-être avons-nous été sévère dans la critique que nous avons faite naguère de cette pièce, mais nous ne partageons pas encore l'enthousiasme de Jean Beck qui écrit: "L'harmonieuse succession des voyelles et des consonnes, des rimes équivoques ou dérivatives nous font voir que Charles connaissait l'art poétique

[48] Méthode analytique d'Istvan Frank. Cf. son *Répertoire métrique de la poésie des troubadours,* Paris (1953) I, 183.

et surtout la poésie provençale. Le trouvère avait une prédilection pour le renversement de l'ordre logique des termes de la proposition. Sa poésie en reçoit une vigueur qui se reflète dans la musique" [49].

Remarques musicologiques:

Portées de cinq lignes; clefs d'ut quatrième et cinquième lignes, et fa seconde. La notation est, en principe, mesurée mais présente bon nombre d'incohérences.

La ligne mélodique est d'une belle tenue et diffère nettement, dans sa structure générale de celles des lais classiques. Les incises ne se répètent pas mais certaines reviennent avec des modifications. Les nombreux enjambements poétiques entraînent des enchaînements mélodiques parfois inattendus. L'irrégularité de la composition interdit toute tentative de schéma mélodique, ce qui n'est jamais le cas dans les lais, même dans les descorts.

D. *Ki de bons est, souëf flaire* (RS 165[a])

Pièce en semblance de lai non répertoriée dans le catalogue de Gaston Raynaud.

Source: M 215 (unicum avec notation)

Fac-simile: Jean & Louise Beck, *Le Manuscrit du Roi*, Philadelphie (1938).

Editions: Jean & Louise Beck, ibid., II, 165 (texte littéraire seul avec commentaires). — Jean Maillard, *Evolution & esthétique du lai lyrique des origines à la fin du XIVème siècle*, Paris (1963), 284 (transcription musicale et commentaires).

TEXTE MUSICAL D

49 BECK, op. cit., 165.

I. Ki de bons est, souëf flaire;
Ne ja de cuer debonaire
Felon dit n'istra.
Prouvé l'ai; si ke essamplaire
Ai, de mon lai si parfaire
Ke ja n'i ara
Retrait, fors si comme il va
De mes amours.
Mais se ja
Par servir, pooie faire
Ke la douce debonaire
Ki mon cuer en son cors a
Me vausist grace parfaire,
Des biens d'Amours
Porroie plus retraire.

II. Tés fu li commenchemens
K'ausi tost ke fui presens
Devant vous, amie,
Cuers et cors vous fu presens
Fais tantost et, se j'en mens,
Soiés mes anemie!
Amours, ki tous cuers maîtrie
Le fist, car contenemens
Maintiens gens;
Graces, bons entendemens
Avés tant ke toutes gens
Desirent vo seignourie;
Donques n'ai je mie,

Se je vous aim en folie,
Coi c'on die,
Mis mon sens.

III. Dame, je ne vous puis rendre
Les biens k'Amours m'a fait prendre
En vo joli cors servir.
Mais peu sai, si weil aprendre
K'Amours ne me puist reprendre,
Ne prendre a un seul falir;
K'autrement, de mon desir
Ne puis joïr.
Mais tant sai je bien entendre
Que je ni puis avenir
Se la grace d'Amours
Ne vuet deschendre
En vo dous cuer
Qui vous fache assentir
Par vo gré, a son plaisir.

IV. Mais tele est la mieue esperanche
Que de tous mes maus aleganche
De vous averai;
Se che non, je sui en balanche
De mort ou de desesperanche.
Mais confort pris ai,
En che que de chertain sai
Que vos estes noble et franche;
Pour che vous denoncherai
Que che que grief et souffranche
Pour vous amer trai.
Je le tieng a pourveanche
Et tenrai
D'avoir l'amour
De vo joli cors gai.

V. Gens cuers loiaus, plains d'amor
Chiex qui sert a bon seignour
Doit amender;
En vo gent cors de valour
Servir, sans penser dolour,
Perseverer
Weil; mais je ne puis moustrer
En fait, n'en parler
Comment il m'est;
Dont je pri a Amour,
S'ele onques douner
Fist merchi,
Que je le jour voie
Que savourer
Le puisse au gré
De vous, dame au vis cler.

VI. Se j'ai nul mal dit,
Weilliés le amender
Douche dame;
Car nouvel chant trouver
I veut si noble seignour
Com li Prinches de Terre de Labour.

Ce texte ne comporte pas de rubrique mais le dernier vers, dans lequel est donné l'un des titres de Charles d'Anjou — Prince de la Terre de Labour — est comme une signature [50]. Roger Dragonetti considère que, d'après le sens des vers 81-83, seule la mélodie peut être attribuée à Charles d'Anjou [51]. Jean Beck attribue la composition entière, de même que la précédente, à notre Roi-poète: "Nous attribuons à Charles d'Anjou l'addition 16, *La plus noble emprise,* f° 41, et l'addition 28, *Ki de bons est, souëf flaire,* f° 209. L'attribution de la dernère est confirmée, comme nous

[50] Pour l'identification du Prince de la Terre de Labour avec Charles d'Anjou, voir Holger Petersen Dyggve, *Charles, Comte d'Anjou*, Helsinki (1949), 166 (in *Neuphil. Mittel.*, tome L).

[51] Roger Dragonetti, *La technique poétique des trouvères dans la chanson courtoise*, Bruges (1960), 347.

l'avons déjà signalé, par la mention du *Prinches de Terre de Labour.* La ressemblance frappante entre l'orthographe, l'écriture, la notation et les expressions poétiques des deux lais nous permet d'attribuer la n° 16 au même auteur" [52].

L'identité de vocabulaire remarquée par Jean Beck est particulièrement frappante entre la strophe I de cette poésie et la seconde du texte précédent. On trouve ici *parfaire, faire, retraire, felon dit, ke ja n'i ara* et dans l'autre *parfaite, faite, fait, retrait, retraite, felons cuers, mais je n'i ara.* Le vers initial ou incipit, est un proverbe bien connu: *Ki de bons est, souëf flaire* [53].

La composition, comparable à celle du "lai" précédent, est cependant beaucoup plus achevée. Elle est expressément dite *lai* au vers 5, mais la forme est encore très libre et difficilement comparable à celle des grands lais classiques [54]: "... Charles d'Anjou avait mieux approfondi la structure strophique et mélodique des lais, mais il continue à les composer de sa propre façon. Chacune des cinq laisses débute par six vers qui sont construits sur un schéma régulier. Ces vers se groupent en deux parties et se chantent sur trois thèmes. Après la reprise, Charles donne libre cours à son inspiration: il garde les mêmes rimes, il en ajoute d'autres, il varie le nombre des syllabes ad libitum et il change de mode. On remarque l'enjambement des vers et la phrase renversée que nous avons signalée dans l'addition 16. Le trouvère emploie la rime intérieure et la rime équivoque pour embellir sa strophe. Le lai est plein de réminiscences du *Markiol* et du *Nonpar*" [55].

Analyse strophique & mélodique:

	α	β	γ		α	β	γ				
I.	7a	7a	5b		(8)a	7a	5b				aire, a ours
	δ	ε	ζ	η	θ	ι	χ	λ	μ		
	7b	4c	3b	7a	7a	7b	7a	4c	6a		
	α	β	γ		α	β	γ				
II.	7a	7a	5b		7a	7a	5b				ens, ie
	δ	ε	ζ	η	θ	ι	χ	λ	μ		
	7b	7a	3a	7a	7a	7b	5b	7b	3b	3a	

[52] Jean & Louise Beck, op. cit. II, 164. — Le numérotage des folios indiqué ici correspond au remaniement complet du Chansonnier opéré par Beck dans son édition en fac-simile.

[53] cf. Joseph Morawski, *Proverbes français antérieurs au XVème siècle,* CFMA, Paris (1925).

[54] Cf. les grands lais d'Ernoul de Gastinois publiés par l'American Institute of Musicology dans la collection *Musicological Studies and documents,* 15, Dallas (1964).

[55] Jean Beck, *Le Manuscrit du Roi* II, 166.

	α	β	γ		α	β	γ				endre, ir
III.	7a	7a	7b		7a	7a	7b				ours, uer
	δ	ε	ζ	η	θ	ι	χ	λ	μ		
	7b	4b	7a	7b	6c	4a	4d	6b	7b		
	α	β	γ		α	β	γ				anche, ai
IV.	8a	8a	5b		8a	8a	5b				our
	δ	ε	ζ	η	θ	ι	χ	λ	μ		
	7b	7a	7b	7a	5b	7a	3b	4c	6b		
	α	β	γ		α	β	γ				or, er, est
V.	7a	7a	4b		7a	7a	4b				our, i, ois
	δ	ε	ζ	η	θ	ι	χ	λ	μ		
	7b	5b	4c	(5)d	5b	3e	5f	4b	4(b)	6b	
	α	β	γ		δ	ε	ζ				it, er,
VI.	5a	5b	3c		6b	7d	10d				ame, our

Schéma littéraire:

I	II	III
2 A + 1 x	2 A + 1 x	2 B + 1 x
3 9	3 10	3 9
IV	**V**	**VI**
2 C + 1 x	2 D + 1 x	1 E
3 9	3 10	6

Ce schéma révèle "un lai de dimensions réduites — 83 vers en l'occurence — et de forme très libre. La grande ordonnance des couplets, les riches responsions, font place au système amplifié du double cursus avec coda développée, plus développée que dans d'autres lais du même groupe, le *Lai des Amants,* par exemple, dans lesquels cette cauda était toujours moins importante que les groupes à responsion. Ce lai n'a pas l'assiette solide des autres compositions du même genre" [56].

Remarques musicologiques:

La notation de ce lai est, en principe, mesurée. Elle présente cependant de nombreuses difficultés de transcription. La notation carrée cesse brusquement à la strophe V — vers 62 à 77 — pour reprendre à la strophe VI et dernière, vers 78 à 83. La strophe VI utilise comme unité la semi-brève avec certaines figures pointées; mais le rythme qui résulte de cette notation apparemment mesurée est incohérent et appelle certains remaniements. On

[56] Jean Maillard, *Evolution & esthétique du lai lyrique*, 285.

remarque l'emploi assez imprécis du si bémol; par exemplaire sur le mot *débonnaire* au vers 2, alors que la première syllable porte un si naturel, il est probable que la troisième syllabe doit s'entonner sur un si bémol qui éviterait le triton avec la finale fa; cependant le manuscrit ne l'indique pas. Dans le second couplet de cette strophe, le bécarre reparaît au vers 5; mais la modification de la clausula (finale la au lieu de fa) permettrait d'admettre plus facilement un si bécarre.

Les portées sont à quatre lignes avec clefs d'ut troisième et quatrième.

E. *Quens d'Anjo, prenez* (Jeu-parti RS 938)

Source: V 94 (unicum avec notation musicale); jeu-parti avec Perrin d'Angicourt qui est ici le questionneur. Vingt-deux des cinquante-cinq vers que compte cette pièce sont de Charles d'Anjou. La mélodie est de Perrin d'Angicourt.

Editions du texte littéraire: Alfred Jeanroy, *Revue des Langues romanes* XL, 365. — Georg Steffens, *Die Lieder des Troveors Perrin von Angicourt*, Halle/Saale (1905), 299. — Arthur Långfors (avec la participation d'Alfred Jeanroy et Louis Brandin), *Recueil général des jeux-partis français,* SATF, Paris (1926) II, 166.

TEXTE MUSICAL E

I.
Quens d'Anjo, prenez
De ce jeu partie:
Par amours amez,
Mès je ne sai mie
Se de vostre amie
Touz vos bons avez
Dites le quel vous prendrez,
Ou avoir la druerie
De cele que vous amez,
Ou estre rois de Persie
Avec quanque vous avez?

II. — Perrin, j'ai assez
Terre et manantie;
Tu vois bien et sés
Que ceste partie
Est trop mal partie,
Car tiex richetez
Ne tout le mont rez a rez
Ne valent pas une aillie
Envers deduiz desirrez.
....
....

III. — Quens, vous respondez
Mos plainz de folie:
Qui seroiz chasez
De tel seignourie,
Nus n'avroit tel vie;
Que bien le savez
Qu'il feroit ses volentez
De dames par sa mestrie:
Si estes trop mal senez,
Droie est que je le vous die
Quant tel joie refusez.

IV. — Perrin, entendez:
Geus par estoutie
N'est point savourez,
Ja ne m'en chastie:
De recreantie
Doit estre retez
Hom qui les demande tez;
Joie a force gaagnie
Ne vaut pas deus oës pelez;
Ja n'ert par moi couvoitie
S'ele ne vient de deus grez.

V. — Quens, je sui matez
Je quit l'aatie
Car, c'est veritez,
Qui ne s'umelie
Fine amour oublie,
S'est mal apensez;
Qu'Amours a tel poëstez
Que le felon cuer chastie
Et adont croist sa bontez.
Aiez fiance en s'aïe,
Si croi que mieux en vaudrez.

Rubrique marginale: Perrin d'Angicourt.
Schéma strophique: 5a 5b′ 5a 5b′ 5b′ 5a
7a 7b′ 7a 7b′ 7a

Remarques: Les corrections apportées au texte du manuscrit sont celles adoptées par Arthur Långfors.

III. vers 27: *le manuscrit donne* Nus n'avroit tele mestrie, *vers incontestablement trop long. De plus,* mestrie *revient au vers 30. A. Långfors a adopté ici une solution proposée par Gaston Paris.*

IV. v. 34 entendez *manque dans le manuscrit* 40. *Manuscrit:* Hom qui demande tel; *Steffens corrige:* Hom qui en demande telz 43. *manuscrit:* couvoitiée. 44. *La leçon du manuscrit:* S'ele ne vient de .II. grez *est claire. Långfors l'accepte mais Steffens corrige* de dous grés. 34-44 *Arthur Långfors remarque que des idées assez analogues avaient été exprimées en provençal par Pierre d'Aragon dans une tenso avec Guiraut de Borneilh* (Be me plairia *PC 242,22*). *Mais le rapport n'est pas assez frappant, ajoute-t-il, pour que l'imitation soit certaine. Les schémas strophiques des deux pièces diffèrent d'ailleurs totalement.*

Långfors remarque enfin qu'il extrêmement rare, dans les jeux-partis, que l'un des combattants se déclare vaincu. La détermination de Perrin s'explique ici sans doute par le désir de faire sa cour à son interlocuteur."

Remarques concernant la mélodie:

L'ambitus s'étend sur une sixte majeure, du ré^2 au si^2. Notation carrée sur portées de quatre lignes. Clef de fa troisième. Pas d'identité mélodique entre les diverses incises.

* * *

PIECES EN LANGUE OCCITANE [57]

F. *Sordel diz mal di mi* (cobla mentionnée dans la référence PC 437,37)

Source: P 65 (unicum sans notation).

Editions: Cesare De Lollis, *Vita e poesie di Sordello di Goïto* (Romanische Bibliothek, 11) Halle/Saale (1896), 163. — De Bartholomaeis, *Poesie provenzali storiche relative all'Italia* (Fonti per la Storia d'Italia pubbl. dall'Istituto Storico Italiano, 71-72), Rome (1931) II, 263. — F. A. Ugolini, *La Poesia Provenzale e l'Italia* (Istituto filol. rom. di Roma, 8), Modène (1939), 139. — M. Boni, *Sordello, le poesie, nuova edizione critica* (Bibliotheca degli Studi mediolatini e volgari, 1) Bologne (1954), 178. — J. Boutière & A. H. Schütz, *Biographies des Troubadours,* en collaboration avec I. M. Cluzel, Paris (1964), 565.

Sordel diz mal di mi e far no lo:n deuria,
Q'ieu l'ai tengut ades car e onrat tot dia:
Donei li fol, molin e autra manentia,

[57] Les sigles de référence correspondent, pour les pièces suivantes, à des chansonniers provençaux. Cf. sup., *Les Manuscrits.*

E donei li mollier aital com el volia.
Mais fols es e ennojos, e es plen de follia:
Qi:l dones un contat, grat no li:n sentiria.

Rubrique: seule la cobla initiale, de Sordel, est précédée d'une rubrique (*Cobla d.mest. Sordel q·era malad.*)

Schéma strophique: 12a′ 12a′ 12a′ 12a′ 12a′ 12a′

Remarques:

Vers 3. *Le manuscrit donne* Donei li fol e molin . . ., *ce qui rend le vers boiteux* v. 5 *ms.:* Mais fol es.

La formule strophique indiquée ci-dessus se retrouve dans quatre sirventes: *Peire de Maensac,* de l'Evêque de Clermont (PC 95,2), *Vergonha,* du Dauphin d'Auvergne (PC 119,9), *Pois n'Aimerics* et *Un sirventes* de Guilhem de la Tor (PC 236, 5a et PC 236,11); dans la cobla *Vermilhon,* de Folquet de Marseille (PC 155,25); dans la chanson *Pois tan* de Guilhem de Saint-Didier (PC 234,16); dans la tenson ou partimen *Pero car* de Jacme Grill (PC 258, 1a); enfin dans la cobla de Sordel *Toz hom me van disen,* de Sordel (PC 437,37) à laquelle répond la présente pièce de Charles d'Anjou.

G. *Domna vos m'avez e amors* (domnejaire PC 177^{a},1)

Sources: L 5 (non noté), N 28 (non noté), Q 7 (non noté).

Référence: cette pièce n'est pas, en fait, enregistrée par Pillet et figure seulement en note p. 153 de la *Bibliographie der Troubadours.* — Frank 83: note en bas de page.

Edition: A. Kolsen, *Dichtungen der Trobadors,* Halle/Saale (1916-1919) I, 21. — Elio Melli, in *Studi mediolatini e volgari* (1957), 77.

I. Dompna vos m'aves et amors
El vostre ric reial resors
Cors qui creis en dobla valors
Per que mos jois es restauratz;
Car vos m'aves vostra merce
Donat sens mal tot entier be,
Ferm:e durable per jase
Per qu:ieu m'en sui aseguratz.

II. Et avez mi dat tal poder
C'anc mais nuls homs no:l poc aver
Que totz es fatz a·l mieu plazer
Le rix montz en que vos estatz,
Que cant ben consir de pregon
Meravil me com hom de:l mon
puesc aver freit ni fam ni son
Ni ira que vos isiatz.

III. Et es ben ami a semblan
Qu'ieu ai tot cant voil ni deman
Et estau ben ai meu talan
Anc estauc com fera salvatz
Amors, car ieu li sui coraus,
Humils, franx e fins e leiaus;
M'ames en son degne repaus
On fin de joi en vo lo patz.

IV. Tan prigon tan ben mon consir
Sui en joi que n'en puesc issir
Dompna, cant esgar ni remir
Vostre cors com es faizonatz,
Gais es gentils, joios, franx, fis,
Fizels amoros, ben apris
Car tut bon·aib i son assis
Orgueilz e humilitatz.

V. An seignorages e poder
C'omelitatz vos fai aver,
(Merce lai on deu eschaser;)
E ergueil nos laissa voler
Ren que vos faire nos deiatz.
Dopna, aquest aib' son en vos
E am motz d'autres de bos
Acuillirs e servirs e dos,
Honors e plazers e solatz,

VI. Sabes far e dir e tener
Si c'als pros vos fazes voler
Et al avol faitz vos temer
Que nos ausa esser privatz.
Non perzo que cortes e pros
Cuida cascuns cant es ab vos
Esser, car hom non es per vos,
Sobre pres ni ochaisonatz.

VII. Ren mais el vostre dompnejar
No·n conosc com puesca reptar,
Mas chascuns vol ab estar
Tant que per autres n'es blamatz
Que motas gentz vos van vezer
Que s'en cuian ades mover
Can vos vezon no·n n'an poder
Qu'ieu mi son provez oblidatz!

VIII. Tan fa gran gaug vostre vezers
E dizes avinents plazers
Que gran cocha sembla lezers
A d'aicels ab cui vos estatz,
Tant es adreitz e conoissentz
Le gentz cars clars cors gentenenz
Qu'es bels novels nous egarnentz

Fatz covinentz e ben taillatz.

IX. Amors e condeza e gaiesa
E valors s'es en vos emprisa,
Sens e mesura e proesa
Franquesa, e genta foudatz.
Res mais n'oi saupra·s devenir
Al vostre complit cors complir;
Mais cel no·n pot en ren faillir
Que vos fez e volc que siatz,

X. Car mieillers est de las meillors
E la gencers de las genzors,
E plus aut sobre las auzors
E bella de totas beutatz!
Far sabes tals anc centz honors
Que sens una de las menors
No·n voil aver, no mans, ni tors,
Ni esser Coms d'Anguius clamatz!

XI. En ren mais fins joios no·n es fals,
Mas en amor, cant es leials
E d'aizo que vos das si vals
Non er mais hom deseretatz.
Qu'ieu am mais trop lo vostre no
Que null·autra qu'en fezes do
E dirai vos per cal razo,
Car pueis en feria iratz!

XII. Non dic ieu gens pel don blasmar,
Que bel mestier a en donar;
Mas trop mi vueil mais fadiar
Qu'en des ço que pueis mi tollatz.
Mas tan onratz es vostre dos
Que qui pot un de·ls escalos
Puiar, ja pueis no·n fera jos
Per deguna forsa tornatz.

XIII. Catr·escalons a en Amor:
Le premiers es de feignedor,
E:l segonz es de preiador,
E le terz es d'entendedor
Et al cart es drutz apellatz,
Cel c'a bon cor de domnejar.
E la vai soven cortejar
E no·n l'ausa enrazonar.
Feigneres es espavantatz

XIV. E s'ella li fai tan d'onor
Qu'ella li cresc:ardit maior
Que l'aus dir sa franca clamor
Pregaires en es devengatz.
E s'il reten tant en preian
Que:l do cordo centurogan

O nuil son avec pauc ni gran
A l'entendedor espoiatz.
XV. E s'a son fin entendedor
El plaz que:l don baisan s'amor,
Ni:l colc ab si sots cobertor
A drut es pueis a ordenatz.
Domna·, l Seigner de Belléen
Vos don cor e poder e sen
C'ab aital a ordenamen,
Vos de mi leial drut fasatz!
XVI. Donna, cor e poder e sen,
E voluntat e ardimen
Humelitat e chausimen
Vos clam: de me merce aiatz!

Cette pièce est dite *comjat* (permission, congé) dans le manuscrit N; la rubrique indique *tenso* dans le manuscrit Q alors que L donne *domnejaire* (lettre d'amour). Jean Beck la considère comme un *lai* provençal [58] alors que Istvan Frank la classe parmi les *saluts d'amour anonymes* [59]. Avant lui, Kolsen avait cependant bien remarqué la signature *Coms d'Anguius,* au vers 80. La langue est très altérée et fait souvent songer aux incohérences des lais *Markiol* et *Non par* [60].

Schéma strophique: 8a 8a 8a 8b 8c 8c 8c 8b

La même formule est utilisée par Aimeric de Peguilhan dans le sirventes ou escondig *Quan que:m fezes vers ni chanso* (PC 10, 44).

Variantes: II. vers 15 *ms L*: freig ne chault

III. vers 19 *manque dans N*; *le manuscrit Q donne* E non trag pena ni afan.

V. v. 34 bis *entraîne l'irrégularité de la demi-strophe, qui compte cinq vers au lieu de quatre.*

XIII. *Même irrégularité impossible à corriger, qui se retrouve d'ailleurs dans les trois manuscrits, aux vers 97-101.*

XIV. 107 Qu'ella li cres·ardiment maior (*ms. N*)

XVI. 123 *Ce vers manque dans N et Q.*

La position des lettrines est très fantaisiste dans Q: aux vers 1, 85 et 92 seulement.

[58] *Le Manuscrit du Roi* II, 164 note 14.

[59] *Répertoire métrique de la poésie des Troubadours,* Paris (1953-1957), II, 213.

[60] Pour M. Pierre BEC, auteur de deux études consacrées à ce texte (à paraître dans *Estudis Romanics*), l'attribution à Charles d'Anjou est très douteuse: l'allusion des vers 80-81 ne serait qu'une figure de style comme on en trouve ailleurs. Hypothèse pour hypothèse, et s'il s'agit bien dans ce vers d'une allusion personnelle, M. Pierre BEC pense que le *Coms d'Anguieus* serait plutôt Raymond d'Anjou qui vécut entre 1120 et 1200 et écrivit six *ensenhamenz* en langue d'oc.

H. *Sill qu'es caps e guitz* (descort PC 461, 67[a])

Source: W 185 (unicum avec notation), copié sans transition après la strophe II du descort *Qui la ve en ditz* d'Aimeric de Peguilhan (PC 10,45).

Fac-simile: Jean & Louise Beck, *Le Manuscrit du Roi*, Philadelphie (1938).

Editions: Zingarelli, *Intorno a due trovatori in Italia* (*Biblioteca critica della Letteratura Italiana,* XXX), Florence (1899). — Jean Beck, *Die Melodien der Troubadours*, Strasbourg (1908), 60. — W. P. Shepard & F. M. Chambers, *The poems of Aimeric de Peguilhan,* Evanston, Ill. (1950), 212 (identification). — Friedrich Gennrich, *Der musikalische Nachlass der Troubadours* (*Summa Musicae Medii Aevi,* 3), Darmstadt (1958) : le texte est édité ici par erreur dans le cadre du descort d'Aimeric de Peguilhan.

TEXTE MUSICAL H

Iª.

Sill qu'es caps e guitz
On vera merces
Es,
Don qu'ieu sia ausitz
D'un joi que promes
M'es:
C'uns gens cors grasitz
M'a am plasen bres
Pres;
Donc s'ieu sui traitz,
Pechatz e non fes
Es.

Iᵇ.

C'autres plasers cars
Ars
No·m pot far socors,
Sors
M'agra uns dous baysars
Pars
Fora dels mellors:
[Pors]
Fera (los) chantars
Clars,

Disent las lauzors,
Plors
N'es aral presars
Cars:
No'n say si l'amors

Ic. Am que'm lia
Mi valria
S'atendi'aman
Tan;
E seria
Cortesia
Si'm leuges l'afan
Gran:
Car s'un dia
M'acorria
D'un jou quiel deman
Tan
No'm calria
S'ieu moria
Pueys d'aqui enan
L'an.

IIa. Donc dic a la gen
Que mandon crosar,
Ar
Qu'ieu non ay talen
Ni cor de passar
Mar,
Neys si'l Monumen
Sabia cobrar!
Car
Sella m'o defen,
De pretz non a par
Car.

IIb. Gar'consin l'aurai
Vay
Ponha col desir
Vir,
A'm leys no'n faray,
May
Am per Dyeu morir.
....
....
....
....
....
....
....

II[c].
C'am si·m ten a·
M fort cadena
C'anc pueys qu'lieu la vic
Tric
D'amor ben a·
B doussa pena:
C'anc mal non sentic
Dic,
Say si mena
No m'estrena
Con leyal amic
Gic;
Mas qui·s pena
Trobar mena
D'aur per estar ric
Pic.

Torn.
Blanq·e lena,
Das m'estrena,
Que·ls vostres prez ric
Cric.

Nous avons déjà signalé que ces strophes se trouvent copiées sans transition à la suite d'un descort d'Aimeric de Peguilhan. Mais le texte de ce descort extrêmement célèbre, bien connu par plusieurs autres manuscrits, est ici incomplet. Il semble qu'un amateur ait voulu profiter d'un beau schéma strophique, d'une mélodie bien venue, pour y adapter des vers de sa façon: cet amateur peut-il être Charles d'Anjou? Nous avons remarqué dans la pièce précédente qu'il avait déjà fait appel à un schéma strophique d'Aimeric. De plus, nous retrouvons ici un certain nombre de gaucherie de facture, une langue sensiblement différente de l'occitan d'Aimeric et si la succession des rimes est la même, les licences poétiques, les mots arbitrairement forgés, rappellent les relâchements des pièces précédentes.

APPENDICE

I. *L'autrier matin* (Chanson mariale RS 89 a)

Source: i 54 (unicum avec notation musicale)

Editions: Alfred JEANROY, *Les origines de la poésie lyrique en France au Moyen-Age*, Paris (1889), 489 (texte littéraire seul). — Amédée GASTOUE, édition de la mélodie transcrite et du texte littéraire (strophes i, xiv, xv, xvi) sur feuille volante, Schola Cantorum, Paris (s.d.). — Jean MAILLARD, *Chansons de trouvères*, texte littéraire et mélodie transcrite; translittération des textes par Jacques CHAILLEY, sous presse Paris, Zurfluh (1967).

TEXTE MUSICAL I

I. L'autrier matin, el mois de Mai,
Regis aeterni munere,
Que par un matin me levai,
Mundum proponens fugere,
En un plesant pré m'en entrai:
Psalmos intendens psallere;
La Mere Dieu ilec trouvai
Jam lucis orto sidere.

II. (4) Par le pré voit soutivement
Celesti plena gracia;
Vers lui me trais isnelement,
Ejus sequens vestigia,
Et li dis: "Bele, a vous me rent,
Quam amo super omnia,
Qu'en vous habite apertement
Eterna celi gloria."

III. (6) Quant je la vi si seule aler,
Et progressu deifico,
Je regardai son vis plus cler
Voltu satis angelico.
Lors vins a lui sans demourer,
Cum affecto pacifico;
La commençai a saluer
Ex more docti mistico.

IV. (7) Douce Dame, le haut Seignour,
Celum regens empireum,
Soit o vous, par sa grant douçour,
Flor(s) et decus virgineum.
Vostre homme soit, sans nul retour,
Hic super florem croceum;
Conseliez cest las pecheour,
Ecce tempus ydoneum.

V. (9) Ele respont: "De (tout) mal garder
Te velit, Dei filius,
Qar de moi, pour homme sauver,
Carnem sumpsit procicius.
Saches pour toi amonnester,
Ut sit tibi salubrius,
Me fait hui si matin lever
Ales diei nuncius.

VI. (12) Apres s'asist dessus la flour
Colore punctum vario;
Si me monstra sa grant valour,
Omni carentem vicio.
Je fui, sans faille, celui jor,
Tanto repletus gaudio
C'onques mes ne me fist gregnour
Jhesu nostra redemptio.

VII. (13) Les flours flairent plus cointement
Quot aura levis ventuat;
De jouste nous, joieusement,
Mirtis alauda jubilat;
Et le roussignol doucement
Blando gurutu sibilat.
Dont dist ma Dame, simplement:
"Aurora lucis rutilat."

VIII. (14) Repairier vous tout maintenant
Ad dulces choros superum;
Lors me fist el front en riant,
Signum crucis splendiferum;
Et dist, a vois clere et plaisant:
"Fili largitor munerum,
C'est mon devot serf te commant,
Conditor alme siderum!"

IX. (15) Apres icest mot, sans mentir,
Ascendit ad celestia.
Je vi, encontre ele, venir
Sanctorum decem milia.
Je, qui remains, plours et souspir
Cordis tactus angustia,
Diex, verrai je ja mes venir
Beata nobis gaudia!

X. (16) Mere de Dieu, vrai salut, port,
Fons pietatis maxime,
De Celui m'envoiés confort,
Salutem prestans anime.
Garde moi de l'anemi fort,
Qui me temptat sepissime;
Paradis m'otroit a la mort
Rerum Creator optime!

Remarques:

Cette chanson farcie alternant un vers français, un vers latin, combine en un mysticisme aimable les genres de la chanson d'amour, du salut d'amour et de la reverdie.

Le texte latin n'est pas un emprunt à quelque pièce du répertoire liturgique ou paraliturgique. Il continue, au contraire, la pensée des vers français. La vogue de ce genre de chanson a été considérable durant plusieurs siècles [61]. Celle-ci a été volontiers attribuée à Saint Louis, frère de Charles d'Anjou, sans preuves irréfragables. Le contexte dit simplement que le Roi aimait la faire apprendre et chanter à ceux de son entourage qui manifestaient un trop grand intérêt pour la chanson profane. Seules, dix strophes sur seize sont éditées ici.

Formule littéraire strophique:	8a	8b	8a	8b	8a	8b	8a	8b
Formule strophique de la mélodie:	α	β	α	β	γ	δ	γ′	ε

Amédée Gastoué, dans l'édition indiquée plus haut, a haussé d'un degré les dix premières notes de la dernière incise, sans raison apparente.

J. *Amours ou trop tart me sui pris* (Chanson mariale RS 1604 a)

Source: j 2 (unicum avec notation musicale)

Editions: Joseph BÉDIER, *Un feuillet récemment retrouvé d'un Chansonnier français du XIIIème siècle*, in *Mélanges de Philologie romane et d'Histoire littéraire* offerts à M. Maurice Wilmotte, 2 vol., Paris (1910) II, 895. — Friedrich GENNRICH, *Rondeaux, virelais und Balladen* (Gesellschaft für rom. Literatur, Bd 43 und 47), II (1927), 125. — E. JÄRNSTRÖM et A. LÅNGFORS, *Recueil de chansons pieuses du XIIIème siècle,* II, Helsingfors (1927), 56. — Jean MAILLARD, *Anthologie de chants de trouvères,* en collaboration avec Jacques CHAILLEY, Paris, sous-presse (1967).

[61] L'une des plus anciennes pièces de ce genre est le descort plurilingue PC 392,4 de Rambaut de Vaqueiras (*Ara quan vei verdejar*) dont chacune des cinq strophes utilise une langue différente: provençal, toscan, français, gascon, portugais. La tornade, longue de dix vers, change d'idiome tous les deux vers.

TEXTE MUSICAL J

I. Amours, ou trop tart me sui pris
M'a, par sa signourie, apris,
Douce Dame de paradis
Ke de vous voeill un cant canter.
Pour la joie ki puet durer
Vous doit on servir et amer.

II. Et pour çou ke nus n'a mespris
Tant vers vo fill, n'en fais, n'en dis,
S'il s'est en vo service mis,
Ke vous nel faciés racorder.
Pour la joie ki puet durer
Vous doit on servir et amer.

III. Virge Roïne, flour de lis,
Com li hom a de ses delis
Ki de vous amer est espris,
Nus hom nel saroit reconter.
Pour la joie ki puet durer
Vous doit on servir et amer.

IV. Mout fu li vaissiaus bien eslis,
Douce Dame, ou Sains Esp(e)ris
Fu .ix. mois tous entiers nouris:
Ce fu vos cuers, Dame sans per!
Pour la joie ki puet durer
Vous doit on servir et amer.

Remarques:

Pierre Aubry, "inventeur" de ce fragment de manuscrit, a laissé à Joseph Bédier le plaisir de l'éditer. Ce dernier a remarqué que la présente pièce est construite sur le schéma de la chanson *Amours, a cui je me rant pris* (RS 1602).

La construction est isotrophique avec deux vers refrain qui reviennent régulièrement en fin de strophe.

L'attribution de cette chanson par la rubrique à *La roïne Blance* est assez suprenante selon Bédier, d'autant que c'est un homme qui adresse cette louange à la Vierge (cf. vers 1); cela ne signifie pas grand'chose. On sait que la Reine Blanche de Castille est considérée comme la partenaire du Roi de Navarre dans le jeu-parti *Dame merci une rien vous demant* (RS 335) par le rubricateur d'un des manuscrits (Chansonnier du Vatican).

Variante: vers 2 *ms.* apres

Schéma littéraire et musical des strophes:

8a	8a	8a	8b	8B	8B
α	α′	β	γ	Γ	Γ′

Notes musicologiques:

En ce qui regarde l'altération descendante du si (bémol), la convention actuelle voudrait qu'elle soit utilisée dans les mouvements mélodiques d'allure générale descendante, alors que le si naturel serait maintenu dans le cas contraire. Cependant, ce principe ne s'accorde pas toujours avec les leçons des manuscrits — ce qui n'est évidemment pas un critère infaillible. On remarque cependant ici même, que l'incise α du vers 1 est dotée d'un si bémol, alors que la même incise au vers 2, n'en possède pas: illogisme auquel les scribes habituent vite le lecteur.

Selon le principe que nous venons de poser, les deux formes de la phrase χ aux vers 5-6, qui évolue du premier degré au cinquième pour redescendre d'une part au premier, d'autre part au septième, utiliseraient en l'espace de trois notes une sensible et une sous-tonique, dans le plus pur style vivaldien: ce qui paraît pour le moins étrange. Mais le manuscrit lui-même s'inscrit contre cette pratique: le dernier si, dans une formule mélodique descendante, sur le mot *amer*, est bel et bien doté du signe ♮.
On ne saurait taxer ici le scribe d'omission du signe du bémol.

* * *

Au hons d'un semdèr de huelhas
Se'n es anat
Lo vielh viatjaire
Barratz la porta [62].

Fontainebleau, Novembre 1965

[62] Pierre BEC, *Amor ensebelit* (Amour enseveli), poésie gasconne publiée dans le n° 200 de la Revue *Oc.* Cf. Andrée-Paule LAFONT, *Anthologie de la poésie occitane 1900-1960*, Paris (1962), 310-313: *Au fond d'un sentier de feuilles S'en est allé Le vieux voyageur . . . Fermez la porte.*

BIBLIOGRAPHIE COMPLEMENTAIRE

Nonobstant les références bibliographiques figurant en notes dans le corps de notre étude, le lecteur pourra se référer aux ouvrages et articles suivants.

Une source importante pour l'étude de l'Histoire du Royaume de Sicile au début du XIIIème siècle, est fournie par l'oeuvre de J. P. L. HUILLARD-BREHOLLES, *Historia diplomatica Friderici Secundi,* publication de l'Académie des Inscriptions et Belles-Lettres, douze tomes, Paris (1852-1861), rééd. Turin (1966).

L'oeuvre poétique de Frédéric II, prédécesseur de Charles d'Anjou, a été étudiée par A. MONTEVERDI sous le titre *L'Opera poetica di Frederico II Imperatore,* in *Studi Medievali,* IIème série, XVII (1951). Dans le même volume, on consultera l'étude de S. SANTANGELO, *La Scuola poetica siciliana del secolo XIII.*

Autres travaux de référence:

Robert CHARROUX, *Le château du Maître du Monde,* in *Miroir de l'Histoire* n° 188 (Août 1965), 73 (château de Castel del Monte, près de la commune d'Andria dans les Pouilles, construit sur ordre de Frédéric II par l'architecte Français Philippe Chinard).

Gina FASOLI, *Aspetti della politica italiana di Federico II,* Bologne (1964).

Francesco GIUNTA, *Sicilia angioino-aragonese,* Vicence (1961).

Antonio MARONGIU, *L'eredita normanna nello Stato di Federico II,* Arch. stor. pugliese, XV (1962).

Francesco NATALE, *Avviamento allo studio del medio evo Siciliano,* Florence (1959).

Pier PALUMBO, *Contributi alla Storia dell' età di Manfredi,* Rome (1959).

J. M. POWEL, *Medieval Monarchy and Trade: The Economic Policy of Frederick II in the Kingdom of Sicily* (A survey), in *Studi Medievali,* IIIème série, III (1962), 814.

Hans Martin SCHALLER, *König Manfred und die Assassinen,* Deutsches Archiv, XXI (1965).

Hans Martin SCHALLER, *Kaiser Friedrich II, Verwandler der Welt,* Göttingen (1964).

* * *

La *Divina Commedia,* que le lecteur pourra consulter dans l'excellente édition de G. VANDELLI, renferme plusieurs allusions à Charles I d'Anjou:

Inferno, XIX, 99; XXVIII, 16-17.

Purgatorio, VII, 113; VII, 124; VII, 127-129; XI, 137; XX, 61; XX, 67-69.

Paradiso, VIII, 67-72; IX, 93.

Richard STERNFELD, *Karl von Anjou als Graf der Provence* (1245-1265), Berlin (1888).

*

* *

INDEX DES NOMS PROPRES

Les noms en majuscules sont ceux de personnages historiques antérieurs au XVIème siècle; les noms des historiens et critiques modernes sont en minuscules.